金融科技：
北京地区实证研究

主　编 ◎ 郝硕博　赵占波
副主编 ◎ 张新福　周　超

首都经济贸易大学出版社
Capital University of Economics and Business Press
·北京·

图书在版编目(CIP)数据

金融科技:北京地区实证研究/郝硕博,赵占波主编.—北京:首都经济贸易大学出版社,2018.8

ISBN 978-7-5638-2827-2

Ⅰ.①金… Ⅱ.①郝… ②赵… Ⅲ.①科学技术—金融—研究—北京 Ⅳ.①F832.71

中国版本图书馆 CIP 数据核字(2018)第 133241 号

金融科技:北京地区实证研究
主　编　郝硕博　赵占波
副主编　张新福　周　超

责任编辑	陈雪莲　彭　芳
封面设计	砚祥志远·激光照排　TEL:010-65976003
出版发行	首都经济贸易大学出版社
地　　址	北京市朝阳区红庙(邮编 100026)
电　　话	(010)65976483　65065761　65071505(传真)
网　　址	http://www.sjmcb.com
E-mail	publish@cueb.edu.cn
经　　销	全国新华书店
照　　排	北京砚祥志远激光照排技术有限公司
印　　刷	北京玺诚印务有限公司
开　　本	710 毫米×1000 毫米　1/16
字　　数	224 千字
印　　张	12.75
版　　次	2018 年 8 月第 1 版　2018 年 8 月第 1 次印刷
书　　号	ISBN 978-7-5638-2827-2/F·1564
定　　价	39.00 元

图书印装若有质量问题,本社负责调换
版权所有　　侵权必究

编 委 会

顾　问：曹和平　杨永胜
主　编：郝硕博　赵占波
副主任：张新福　周　超
编　委：章　静　邹婷婷　潘习平　赵江波
　　　　李伟群　高杰英　侯旭鹏　郭　晓
　　　　邓　婷　李　丽　郭　柳　李路飞
　　　　厉　冬　袁小兵　赵文涛

前言

这是一个互联网的时代,也是一个信息的时代,究其根本是一个数字的时代。习近平主席2015年12月16日在第二届世界互联网大会开幕式上的讲话中明确指出,"纵观世界文明史,人类先后经历了农业革命、工业革命、信息革命。每一次产业技术革命,都给人类生产生活带来巨大而深刻的影响"。

1945年3月,"计算机之父"约翰·冯·诺依曼在其与埃尼阿克(ENIAC)机研制小组共同讨论的基础上,起草了"存储程序通用电子计算机方案"(EDVAC, electronic discrete variable automatic computer),方案中提出的"存储程序以及二进制编码"等理念,奠定了现代计算机的基础,也开创了数字时代。目前数字技术在存储、通信、计算3个方面取得了长足的发展,并形成了改变世界的核心力量。存储计量单位从最初的Byte,KB发展到EB,ZB,存储能力提高了亿亿倍以上,以海量数据、分布式存储等为核心的大数据成为数字技术的重要分支。通信方面,自1969年美国国防部"阿帕网"(ARPA net)诞生开始,互联网已经实现了全球范围7×24×365小时的网络连接,颠覆性地缩短了交流的距离,降低了信息传播的成本,扩大了市场的范围,这个时代也因此被称为"互联网时代"。计算是数字技术的核心,计算机的名称也由此而来。2016年6月20日,在德国法兰克福国际超算大会(ISC)的前500榜单中,中国研制的"神威·太湖之光"高居首位,峰值计算速度达12.54亿亿次/秒,强大的计算力让人工智能成为数字技术的宠儿,智能机器人、无人驾驶等逐渐进入大众的视野。

数字技术影响到社会和经济运行的各个领域,金融也不例外。20世纪80年代以前,数字技术在金融领域的应用主要集中在后台,表现为提升金融业生产效率,如建立银行间清算系统、Swift、核心记账系统等。20世纪90年代到21世纪前10年,金融系统开始逐步利用数字技术提高服务能力,如通存通兑、自动取款机(ATM)、POS机、网上银行、官方网站等。2010年以来,数字技术的核心影响则是金融科技企业利用数字技术优势向金融行业渗透。一方面,互联网银行、互联网保险、第三方支付、网络借贷、互联网众筹等蓬勃发展,强势成为金融行业的新组成部分;另一方面,互联网渠道、大数据营销、大数据风控、大数据征信、智能投顾等也在改变传统金融业,成为金融业务流程中的一个环节。在数字技术和金融的碰撞过程中,出现过金融互联网、互联网金融、数字金融、金融科技等概念。从本质上来说,这些概念都反映了数字技术对金融行业生产模式、生产效率的颠覆式改变;从形式上来说,是以数字技术为核心的企业对金融生态的一次"异族"入侵。

"数字技术+金融"仍处于融合阶段,两者未来深度融合的结果不外乎两种情况:一是金融科技企业变成金融企业;二是金融科技企业成为金融服务商。笔者从传统金融机构的变革、新型金融机构的诞生,以及金融服务平台、渠道支持平台和典型金融科技平台的金融行业参与等5个方面,分析了全国金融科技的发展现状,阐述了互联网将成为未来金融的主渠道、场景金融成为未来金融的主要模式、大数据和人工智能是未来金融的"灵魂"和数字技术下的新型金融机构变革模式等4大发展趋势。

根据Compass发布的2017全球科创生态体系排名,北京名列第4,仅次于硅谷、纽约、伦敦。作为全国具有代表性的金融科技创新中心,北京在科研实力、数字技术人才、金融人才和资金等方面具有优势。所以,深入探讨北京金融科技的发展对推动全国金融科技进步具有重大意义。本书选取了50家金融科技企业作为样本来研究北京地区金融科技发展现状。这50家金融科技企业风险投资总额集中在400亿~500亿元,涉及综合服务类、大数据及征信类、消费金融与供应链金融类、互联网借贷类、理财类、移动支付类金融科技企业及其他类的7个领域。通过对这些企业进行研究,笔者梳理了金融科技概念的演变轨迹,系统阐明了数字技术与金融的融合原理,分析了中国金融科技生态现状,深入探讨了北京地区金融科技投资情况和典型特征。在此基础上,本书从4个方面提出了推动金融科技发展的16条政策建议。

本书由北京市金融发展促进中心与互联网普惠金融研究院共同完成。在此，对研究过程中在数据收集、调研访谈等环节为我们提供过帮助和支持的部门、单位和个人表示感谢。此书中涉及的金融科技企业，是笔者对行业资料的引用，非为企业信用背书，亦非为投资参考。囿于时间、精力的限制，笔者对数据的收集和处理难免有疏漏之处，恳请广大读者批评指正。

目录

第一篇 理念篇 ... 1

第一章 金融科技概述 ... 3

第一节 金融科技的内涵 ... 4
　一、金融科技概念引入的背景 ... 4
　二、金融科技的概念 ... 6

第二节 金融科技的特征 ... 9
　一、数字技术是金融科技的本质 ... 10
　二、对金融的颠覆式影响是金融科技的核心 ... 10
　三、对传统金融机构外部的冲击是金融科技的关键 ... 12

第三节 金融科技的发展阶段 ... 13
　一、数字技术快速发展阶段 ... 13
　二、"金融＋数字"阶段 ... 15
　三、"金融＋互联网"阶段 ... 16
　四、全面渗透阶段 ... 20

第四节　金融科技的经济学分析……………………………………21
　一、斯密的分工理念……………………………………………22
　二、熊彼特的创新理念…………………………………………24
　三、科斯的交易成本理念………………………………………25
　四、哈默的企业再造理念………………………………………26

第二章　金融科技体系框架……………………………………28

第一节　金融科技相关数字技术……………………………………29
　一、互联网技术…………………………………………………29
　二、大数据技术…………………………………………………30
　三、人工智能技术………………………………………………30
　四、云计算技术…………………………………………………31
　五、生物识别技术………………………………………………32
　六、区块链技术…………………………………………………32
第二节　数字技术与金融融合………………………………………33
　一、传统金融机构的变革………………………………………34
　二、新型金融机构的兴起发展…………………………………49
　三、金融服务平台………………………………………………70
　四、渠道支持平台………………………………………………79
　五、典型金融科技平台…………………………………………91
第三节　金融科技未来发展趋势……………………………………97
　一、互联网将成为未来金融服务的主渠道……………………98
　二、场景金融将成为未来金融服务的主要模式………………99
　三、大数据和人工智能是未来金融服务的"灵魂"…………100

四、数字技术下的新型金融机构 ·· 102

第二篇 实务篇 ·· 105

第三章 国内外金融科技公司的发展情况 ·· 107
第一节 全球金融科技公司的发展情况 ·· 110
第二节 国内金融科技公司的发展情况 ·· 115
一、消费支付平台 ·· 118
二、众筹 ·· 118
三、征信领域 ·· 119
四、传统金融机构 ·· 119
五、财富管理平台 ·· 120
六、区块链技术相关企业 ·· 121

第四章 北京金融科技现状分析 ·· 122
第一节 北京地区金融科技投资情况 ·· 123
一、金融科技企业注册资金情况 ·· 125
二、金融科技企业融资情况 ·· 131
三、金融科技企业融资阶段分析 ·· 132
第二节 北京地区金融科技企业发展情况 ·· 132
一、综合服务类金融科技企业 ·· 133
二、大数据及征信类金融科技企业 ·· 137
三、消费金融、供应链类金融科技企业 ·· 139
四、互联网借贷类金融科技企业 ·· 141

五、投资管理、智能投顾、互联网证券类金融科技企业 …………… 144

　　六、移动支付类金融科技企业 ……………………………… 146

　　七、其他类金融科技企业 …………………………………… 147

　　八、传统金融机构的发展与反击 …………………………… 150

第五章　北京金融科技发展环境分析 …………………………… 153

　第一节　北京地区金融科技发展政策 ……………………………… 153

　第二节　北京地区金融科技发展潜力及特点 ……………………… 159

　　一、北京地区辐射作用突出 ………………………………… 159

　　二、北京汇聚各类高校资源 ………………………………… 159

　　三、北京地区创业环境浓厚 ………………………………… 160

　　四、北京是国内最大的金融科技投资市场 ………………… 160

　　五、北京是中国互联网及金融行业的最大聚集地 ………… 161

　　六、北京地区金融科技行业交流更频繁 …………………… 162

　　七、北京地区金融科技具有教育及区域优势 ……………… 162

　第三节　北京地区金融科技发展存在的问题 ……………………… 162

　　一、政府的作用被强化，企业的作用被弱化 ……………… 163

　　二、北京市信息共享机制还不够完善 ……………………… 163

　　三、北京地区在科研经费投入上与国际水准差距明显 …… 163

第六章　金融科技发展政策建议 …………………………………… 165

　第一节　打造科创环境，推动金融发展 …………………………… 167

　　一、发挥科技创新中心优势，促进数字技术发展 ………… 167

　　二、鼓励企业加大科研经费的投入，助力金融科技项目落地 ……… 168

三、加强信息交流，引导金融科技企业发展方向 …………………… 168

四、推动多层次资本市场建设和中关村国家自主创新示范区建设，
积极培育金融科技独角兽企业 …………………………………… 169

五、建设金融科技人才队伍，加强培养高素质创新者 ………………… 169

第二节　推动金融创新，把控金融风险 ………………………………… 170

一、把握金融变革原理，推动金融创新发展 …………………………… 170

二、推动数字技术与金融行业融合，加速金融效率提升 ……………… 171

三、加强风险防范，为金融科技发展保驾护航 ………………………… 174

第三节　加强监管创新，提升监管能力 ………………………………… 178

一、加强数字技术监管，适应金融科技发展 …………………………… 178

二、注重动态监管，保持快速反应能力 ………………………………… 179

三、实施穿透监管，提高金融监管有效性 ……………………………… 179

四、应用监管沙盒技术，提高监管学习速度 …………………………… 179

五、适应金融科技变化，提出场景金融监管政策 ……………………… 180

六、明晰金融科技混业趋势，制定应对性的监管体系机制 …………… 181

第四节　加强消费者教育，增强消费者保护 …………………………… 182

一、广泛开展消费者教育 ………………………………………………… 182

二、完善消费者投诉处理机制 …………………………………………… 183

三、加强消费者信息保护，制定相应的惩罚措施 ……………………… 183

参考文献 ………………………………………………………………… 185

第一篇

理念篇

第一章
金融科技概述

近年来,互联网金融迅速发展,在提高金融服务效率、降低金融交易成本的同时,也创造了新型的金融业态。金融业态的扩展,为金融消费者提供了更多样、更丰富的选择,提升了金融服务的普惠性和覆盖面,在此过程中,互联网的发展发挥了积极的作用。金融科技在互联网金融的基础上多元化拓展,在本质为金融的前提下,嵌入大数据、人工智能、区块链等数字科技手段,使金融体系框架上的各个元素都能发挥模式创新的作用,助力于金融风险防控、金融服务升级、金融产品创新等。与此同时,金融科技也是柄双刃剑,使金融风险更加具有隐蔽性、突发性、传递性等特性,增加了金融风险的防控难度。

尽管如此,互联网技术的不断发展,对各行业的影响都在不断延伸和演变,对金融行业的影响更是势不可挡,使金融行业面临新的发展和变革。金融科技带来的金融变革,涵盖从金融机构的形态、金融渠道的布局、金融风险的模式,到金融服务和产品,再到金融行业的监管和金融消费者教育的全过程,带来的机遇和挑战无处不在。所以,正确认识金融科技的概念,明晰金融科技的特征,在运用金融科技的过程中扬长避短,是使其发挥积极作用的前提和关键。

第一节 金融科技的内涵

一、金融科技概念引入的背景

金融科技（financial technology，fintech）是一个舶来词，其在国内被广泛热议应归因于"互联网+金融"的演变。2015年全国两会期间，李克强总理首次使用了"互联网+"的概念，在此之后，各行业又提出了一系列相应的概念，如"互联网+零售""互联网+医疗""互联网+旅游"等，而"互联网+金融"则衍化出4个概念：金融互联网、互联网金融、数字金融和金融科技。这衍化的4个"互联网+金融"概念虽然侧重点略有不同，但都是数字技术与金融结合的产物，概念主体基本一致，其中，金融科技是在国内和国外都被广泛使用的概念。

金融互联网和互联网金融各有其含义，均在国内使用。数字金融主要源于数字普惠金融概念，数字普惠金融在国际与国内均被认可为普惠金融的延伸和升级。金融科技则是舶来词，首先在国外大量被使用，国外不同机构赋予其相应的定义，引入中国后成为近年来大热的概念。图1-1为"互联网+金融"概念演变情况。

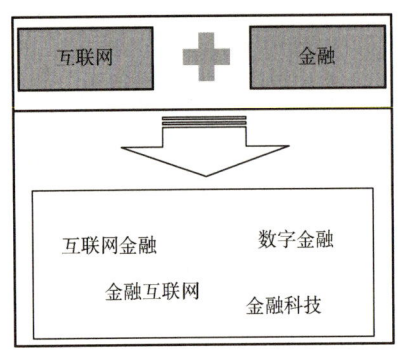

图 1-1 "互联网+金融"概念演变

（一）互联网金融与金融互联网

互联网金融是国内使用的概念，在互联网上与此对应的是"Internet Finance"相关的内容，或是存在于中国学者的文献中，或是与发生在中国的事件有关，基本都与中国有关。在维基百科中没有收录"Internet Finance"词条。

现在普遍认为,"互联网金融"概念最早由中国人民银行金融研究所前所长谢平提出,其在2012年4月7日的"金融四十人年会"上首次公开使用了"互联网金融"概念。

互联网金融概念提出以后,又产生了一个孪生概念——金融互联网。两者的区别在于金融变革的"触发起因"不同。互联网金融是指互联网企业携互联网优势技术变革金融产业,是基于第三方支付在国内取得成功及P2P网络借贷和众筹在国内外兴起的大背景提出的,在国外相对应的概念是金融科技。金融互联网是指传统金融机构利用互联网技术改善金融服务能力,典型模式包括通存通兑、网上银行、手机银行、直销银行等。金融互联网概念略带"贬义",指传统金融机构"保守、缓慢"的互联网技术适应和变革过程。

现在互联网金融和金融互联网两个概念都在弱化。金融互联网本身就是一个阶段性、对比性概念,现在已经较少使用。在2015年"e租宝"事件发生后,中央银行牵头联合多个部委,对互联网金融行业严格整治。在此背景下,随之互联网金融概念逐渐弱化,"数字金融"和"金融科技"两个概念开始出现。

(二)数字金融

在2016年8月26日的中国普惠金融国际论坛上,中国人民大学中国普惠金融研究院发布了《数字普惠金融的实践和探索》。这是国内首份数字普惠金融报告,详细阐述了数字金融在国内的发展情况,被认为是中国金融及互联网金融公司交出的第一张"数字普惠金融成绩单"。

同年,中国作为东道主在杭州举办G20峰会。峰会期间,针对普惠金融提出了《G20数字普惠金融高级原则》、升级版《G20普惠金融指标体系》和《G20中小企业融资行动计划落实框架》等3个文件。数字金融因此成为反映"互联网+金融"理念的又一概念,虽然使用并不广泛,却是最能准确反映核心特征的概念,因为计算机、互联网、大数据、人工智能、区块链这些颠覆金融的核心技术都是基于"01"二进制的数字技术。

（三）金融科技

互联网金融在国内如火如荼之时，国外一直在使用金融科技概念。最初，金融科技更强调影响金融发展的科学技术，后期才逐渐倾向于把金融科技定义为与传统金融机构竞争的新型金融机构，与国内金融科技的概念一致。

2017年5月15日，中国人民银行成立金融科技委员会。金融科技委员会的成立，一方面，促进了金融科技概念的使用和传播；另一方面，确立了金融科技概念的技术属性。

在10年左右的时间里，出现了4个"互联网+金融"相关的概念，其核心是"风口"的理念。互联网金融概念产生后，在风险投资领域，大量资金通过A轮、B轮、VC/PE等投资行为进入互联网金融企业，期望未来通过上市实现收益倍增。但在监管机构开展互联网金融整治后，互联网金融概念迅速降温，互联网金融企业的投资价值大幅下降。此时，"金融科技"概念被引入，并被称为下一个"风口"，引领投资方向。

二、金融科技的概念

（一）典型的金融科技概念

对金融科技的概念，国内外尚无统一规范的标准定义，主流机构和组织对金融科技的定义包括以下几个：

（1）金融稳定理事会。全球金融治理的核心机构——金融稳定理事会（FSB）[①] 2016年3月首次发布关于金融科技的专题报告，其中将"金融科技"

---

① 金融稳定理事会：前身为金融稳定论坛（FSF），是由7个发达国家（G7）为促进金融体系稳定而成立的合作组织。全球金融危机后，随着中国等新兴市场国家对全球经济增长与金融稳定的影响日益显著，2009年4月2日在伦敦举行的20国集团（G20）金融峰会决定，将FSF成员扩展至包括中国在内的所有G20成员国，并将其更名为FSB。

定义为技术带来的金融创新，能创造新的业务模式、应用、流程或产品，从而对金融市场、金融机构或金融服务的提供方式产生重大影响。

（2）国际证监会组织（IOSCO）。国际证监会组织认为：金融科技是指有潜力改变金融服务行业的各种创新的商业模式和新兴技术。

（3）美国国家经济委员会（NEC）。美国国家经济委员会认为：金融科技涵盖不同种类的技术创新，这些技术创新影响各种各样的金融活动，包括支付、投资管理、资本筹集、存款和贷款、保险、监管合规以及金融服务领域的其他金融活动。

（4）英国金融行为监管局（FCA）。英国金融行为监管局认为：金融科技主要是指创新公司利用新技术对现有的金融服务公司去中介化。

（5）维基百科。维基百科对金融科技的定义：是由使用新技术和创新的企业构成的行业，这个行业中的企业与传统金融机构和中介机构在交付金融服务的市场上进行竞争。金融科技是一种新型解决方案，对金融服务业的业务模式、产品、流程和应用系统的开发具有强烈颠覆性创新的特性。

（6）牛津词典。牛津词典中收录的金融科技是指用来支持银行业和其他金融服务的电脑程序和其他科技，包括互联网、大数据、云计算、区块链以及人工智能等。

（7）国外学者。瑞信银行高级管理人员与弗里堡管理学院财务学院教授帕特里克（Patrick Schueffel）在综合分析了近40年的金融科技定义的基础上，将其定义为"一个新金融行业，这个行业应用科学技术改善金融活动"。[1]

（8）著名投资银行高盛。高盛将金融科技定位为需要以技术为基础，并且专注于金融产品与服务价值链上一部分或多部分。

---

[1] Patrick Schueffel. Taming the Beast: A Scientific Definition of Fintech [J]. Journal of Innovation Management, 2017, 4(4): 32-54.

上述典型的金融科技的概念，各有侧重。

金融稳定理事会、美国国家经济委员会对金融科技的定义强调科学技术对产业的颠覆，是从技术对金融产业生产模式重大影响的角度讨论。金融是受数字技术影响的众多行业之一，是"互联网+"思路的彻底体现。数字技术是这个时代"生产工具"的代表，我们也称这个时代为"互联网时代""信息时代"，也许再过几十年我们才能明确当今这个时代是"互联网+"、"信息+"，还是"数字+"，但数字技术对各个行业的普遍冲击是这个时代的核心特征。

维基百科、帕特里克对金融科技的定义则强调一个"产业"的产生，这个"新产业"具有4个特征：①产生了一批与传统金融机构没有"血缘"关系的新金融机构，如支付宝的诞生没有任何传统金融机构参股；②这类金融机构从事某个类型或某个环节的金融业务，并与传统金融机构形成竞争，例如，第三方支付从事"支付结算"业务，P2P则是针对不同客户从事"理财"或"贷款"业务；③这类机构都起源于数字技术公司，由信息技术（IT）精英将某类数字技术创新性地应用到金融领域而诞生，例如，P2P、第三方支付、互联网众筹几乎都是清一色的IT公司；④这类金融机构都呈现出与传统金融机构不一样的金融服务模式，例如，广泛应用互联网作为金融服务渠道，第三方支付将支付结算与电商交易无缝衔接，基于网络数据和人工智能技术形成针对"长尾客户"的低成本风险评估。

国际证监会组织、牛津词典对金融科技的定义强调的是技术，特指能够显著提高金融行业生产效率的数字技术，如互联网、大数据、云计算、区块链以及人工智能等。

英国金融行为监管局和高盛的定义则侧重于数字技术对金融行业部分环节的专业化。

（二）金融科技的内涵

金融科技是一个短期概念，是数字技术与金融行业融合过程中的阶段性概念，总结了依托数字技术出现了大量新型金融企业、数字技术对金融行业生产模式颠覆性改变、金融行业服务效率显著性提升等三大时代特点。

金融科技不是一个行业，无论现在第三方支付和P2P与传统金融机构的差异多么明显，未来很快就会融合在一起。现在所谓的"金融科技"企业，很快就会分为两类：一类是被发放牌照的金融机构，另一类是服务于金融机构的金融服务商。

金融科技的实质是数字技术对金融行业生产模式的显著影响，因此在研究金融科技时，不仅要关注金融科技企业，更要关注传统金融机构的数字技术应用。

综上所述，金融科技遵循着金融本质，以数据为基础，以技术为手段，从服务渠道、服务模式、服务内容、服务产品、风险评估、金融运营等方面改善客户体验，提升服务效率，降低交易成本。

第二节　金融科技的特征

金融科技是数字技术与金融行业碰撞的结果，也是对"数字技术＋金融"本质的核心体现，对金融科技的准确把握必须符合时代的特征。图1-2展示了数字技术改变金融的原理。

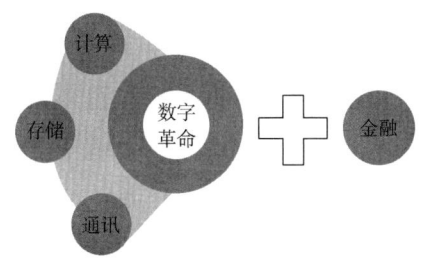

图1-2　数字技术改变金融

一、数字技术是金融科技的本质

从技术的角度看,金融科技不是泛指所有的技术,而是与计算机的计算、存储、通信等基础功能相关的数字技术,或者叫作"01"技术。无论数字技术如何强大,例如,围棋人工智能阿尔法(AlphaGo)打败李世石和柯洁、汽车实现无人驾驶、计算机人脸识别能力超过人类、机器人可以思考等,其起点都是 0 和 1 的运算。金融科技中的科技范围不能被无限扩大,而应聚焦于数字技术,网上银行、手机银行、P2P、第三方支付、众筹、量化投资、智能投顾等都是金融科技的应用形式,是金融与互联网、大数据、区块链、云计算和生物识别等数字技术融合的体现。

二、对金融的颠覆式影响是金融科技的核心

中国的"互联网+"概念抓住了互联网作为数字技术对传统金融渠道带来颠覆性改变的阶段性特征,虽然这一概念逐渐被数字金融所替代,但两者共同的典型特质都是这个时代的"数字颠覆"。

从金融角度来说,"数字颠覆"包括扫码支付、第三方支付、P2P、众筹、通存通兑、网上银行、手机银行、互联网银行、互联网保险、互联网证券等模式。从更深层面看,"数字颠覆"则反映了金融行业各个层面的颠覆性变化,具体有如下 5 个层面。

(一)服务渠道的颠覆

互联网模式颠覆了金融服务的时空概念,金融服务可以实现全球无时空限制的支付,网点已经不是金融服务的障碍。随着监管的逐步放开,金融机构逐渐弱化营业时间的限制,未来营业时间的概念很可能完全消除,如果股票交易时间由每周 5 天、每天 4 个小时变成 $7 \times 24 \times 365$ 小时交易,将对金融

市场服务的时空范围产生巨大的颠覆。

(二) 从有形向无形的颠覆

金融机构往往以高端豪华的办公楼来展示其资金雄厚、稳健安全的实力,这一状况正在发生改变,互联网银行以互联网交互页面向客户提供金融服务,声誉价值成为第一"外表"。

(三) 场景金融的颠覆

传统金融机构依靠网点提供服务,或者通过客户经理提供服务,物理服务的特征明显,客户信息的收集依靠客户经理、网点。在互联网时代下,场景成为主要的信息收集渠道,金融支付、风险评估和授信、保险的销售都融入线上场景,在场景中实时收集信息,提供即时服务。

(四) 风险计量模式的颠覆

传统金融机构依靠网点、客户经理收集的数据往往是片面而有限的,在互联网时代下,场景中的所有客户信息都会被收集,除了交易信息,还包括上网时间、浏览习惯、点击方式等,数据具有全面性、真实性、多维性等特征。依据互联网收集的客户信息,利用大数据、数据挖掘、人工智能等技术,描绘更加精准的客户画像,"网络指纹"成为风险评估的核心要素。

(五) 多元发展的颠覆

金融科技的颠覆还有很多,包括区块链对货币发行的颠覆、对记账模式的颠覆;生物识别对金融账户开户方式的颠覆、对支付密码的颠覆、对交易确认的颠覆等。

简而言之,金融科技对金融的影响不是简单的量变提升,而是达到质变的颠覆。

三、对传统金融机构外部的冲击是金融科技的关键

金融科技对金融服务能力的颠覆性提升不仅仅体现在金融业内部,如通存通兑、网上银行、手机银行、直销银行等,更重要的是表现在对传统金融机构外部的冲击。这种冲击包含3类。

(一)新型科技企业的冲击

第三方支付、P2P和众筹是典型的以数字技术为核心竞争力,对传统金融冲击最大的新型企业,其中第三方支付已经取得了中国人民银行的牌照。(Lending Club)、宜信等公司也在美国的证券交易所上市,新型异类企业的"入侵"对任何一个行业都是极大的威胁,更何况是如此大力度的"入侵"。

(二)新型金融机构的冲击

截至2017年6月,中华人民共和国银行监督管理委员会(简称"银监会")已经批准了17家民营银行,其中,8家定位为互联网银行,分别为微众银行、网商银行、新网银行、华通银行、亿联银行、众邦银行、苏宁银行和中关村银行。截至2016年2月,中国人民共和国保险监督管理委员会(简称"保监会")批准了4家互联网保险公司,分别为众安保险、泰康在线、安心保险、易安保险。这些具有数字技术基因又获得金融牌照的金融机构,都宣称不设立物理服务网点,互联网是提供服务的"唯一渠道"。对传统金融机构来说,这些金融机构也是新的对手和挑战。

(三)互联网渠道的冲击

数字经济发展到现在,互联网渠道占尽优势,成为互联网金融的销售通道、结算通道、融资渠道等,如淘宝、京东、携程、途牛、大众点评、网易、搜狐、百度等,都不同程度地参与金融服务,有的成立金融机构、金融服务平台等,成为传统金融机构的竞争对象。

第三节　金融科技的发展阶段

金融科技是数字技术和金融业融合的广义概念，是以"01"数字技术为依托的新金融模式，代表了金融和科技的深度融合，其核心是通过互联网、云计算、大数据、生物识别、人工智能、区块链等信息技术推动金融服务不断进步，逐渐优化，甚至在未来改变整体金融生态体系。图1-3展示了金融科技的发展阶段概况。

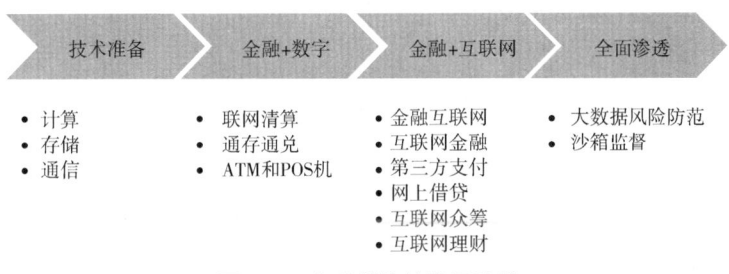

图 1-3　金融科技的发展阶段

一、数字技术快速发展阶段

金融科技源于数字革命，数字革命是一场将所有问题归结为"01"二进制码和数字问题的革命。金融科技是数字技术的应用领域，其起源要从"数字技术"的发展谈起。

"计算机之父"约翰·冯·诺依曼1945年3月在与ENIAC机研制小组共同讨论的基础上，起草了"存储程序通用电子计算机方案"——EDVAC（electronic discrete variable automatic computer），该方案的"存储程序以及二进制编码"等理念奠定了未来计算机的基础，并促进了1946年2月14日世界上第一台电脑ENIAC的诞生。此后，计算机技术迅猛发展，从大型机、中型机，到小型机、微型机，再到笔记本电脑，计算机已经成为工作和生活的必需品。

体积逐渐变小的同时，计算机的算力则在显著提升。2016年6月20日，德国法兰克福国际超算大会（ISC）公布了新一期前500榜单，国家863项计划重点项目、国家并行计算机工程技术研究中心研制的"神威·太湖之光"登顶，成为全球运行速度最快的超级计算机，峰值计算速度达12.54亿亿次/秒，"神威·太湖之光"1分钟的计算能力相当于全球72亿人同时用计算器不间断计算32年。这一算力在2016年7月获得吉尼斯世界纪录的认证。

计算机由两个重要部分组成：一是计算，二是存储。信息的存储能力是决定计算机价值的重要部分。与算力一样，计算机存储能力也得到了突飞猛进的发展，数据的计量单位从最初的Byte，KB，MB，GB升级到TB，PB，EB，ZB，YB，DB，NB。现在一个普通1TB的硬盘重量约为670g，能存储约125万本10万字的书。假设一本书1cm厚，累积起来高度将达12.5km。

数字通信是"数字革命"中的链接环节，无数计算机连接在一起，构成现在的互联网经济。1969年美国国防部"阿帕网"（ARPA net）的诞生是互联网的开始，阿帕网仅连接了4台计算机，供科学家们进行计算机联网实验使用。1974年，出现了连接分组网络的协议，其中就包括了TCP/IP——著名的网际互联协议IP和传输控制协议TCP。1989年，英国计算机科学家蒂姆·伯纳斯·李发明了我们熟悉的万维网（world wide web，WWW）。

通信技术的发展开启了新的时代，催生出互联网时代、信息时代、数字时代等"热词"。"数字革命"的成功也离不开操作系统、计算语言、数据库等技术的快速发展和成熟。"数字革命"的软硬件发展成就了时代的辉煌。以互联网金融、互联网医疗、电商等为代表的"互联网+"和基于"01"最简单两个符号构建起的数字技术成为时代特征，金融科技为金融的腾飞提供了可能性。

二、"金融+数字"阶段

技术只有进入商业领域才能创造辉煌。20 世纪 60 年代,计算机开始走出实验室和国防系统,进入商业领域,此后"金融+数字"的时代逐渐开启,金融领域的证券交易所、大型商业银行开始利用计算机处理金融交易,"计算机+通信+金融"开始造就中心化金融时代。

(一)联网清算

1970 年,计算机开始应用到金融业,证券交易所逐渐使用计算机报价系统,金融机构的清算也开始使用计算机系统,1970 年美国纽约清算所银行同业支付系统(CHIPS)、1977 年环球同业金融电信(SWIFT)系统纷纷开始运行,各大型商业银行开始在各分行使用计算机系统。1991 年,中国人民银行全国电子联行系统(EIS)开始试运行。这一时期,虽然数字化已经极大地提高了金融业的工作效率,但其应用主要集中在金融机构层面,普通百姓还没有直接感知到数字技术所带来的变化。

(二)通存通兑

20 世纪 90 年代,随着互联网技术的发展,金融机构开始通过专线与各分支机构链接通信,在商业银行内部实现了从同城到全国的"通存通兑"。用户不再受到物理网点的约束,凭借一张卡或一张存折就可以在同一商业银行的任何网点进行存取款、汇款等操作,不再局限于开户网点的物理限制,这是数字技术带给大众的第一个能够切身感知到的好处。

(三)ATM 和 POS

ATM(automatic teller machine)是用网络和金融机构相连的小型网点。1969 年第一台 ATM 在美国纽约银行首次亮相,中国第一台 ATM 于 1987 年出现在珠海的中国银行。ATM 通过将简化的存取款、转账、查询、缴费等功能集中在一台设备上,大大降低了金融机构设立网点的成本。2016年年底,中国 ATM 数量已达 92.42 万台,同期商业银行网点数量为 22.8 万个,ATM 扩大了商业银行的服务覆盖区域。

POS(point of sales)机是通过网络链接商户和金融机构的小型设备,是一种商户收款机。1981年中国开始从日本引进收款机,2016年年底银行卡跨行支付系统联网特约商户已达 2 067.2 万户,POS 机具 2 453.50 万台;POS 机数量是 ATM 数量的 26.55 倍,是商业银行网点数的 107.6 倍。

ATM 和 POS 机出现之时,并未被认为是金融科技的应用,在金融科技得到广泛使用之后,ATM 和 POS 才被视为金融科技较早的应用。在互联网改变金融业以前,ATM 和 POS 机在科技拓宽金融服务方面发挥了巨大作用。

三、"金融+互联网"阶段

随着互联网技术和金融的融合日益深入,大众对互联网的使用给金融创造了更多需求和更丰富的发展机会,金融机构与互联网用户的接触点大量增加,涌现出众多新的金融模式和新的金融产品。

(一)金融互联网

虽然"金融互联网"这一概念正逐渐被弱化,但其表达的金融机构运用互联网进行金融创新的理念却恰当地反映了"金融+互联网"的阶段性发展特征。虽然"金融互联网"概念被认为是传统商业银行面对互联网技术的冲击所采取的抗争,但实际上传统金融机构的网上银行等业务互联网化则起步于"互联网金融概念"之前。电子银行是商业银行金融业务互联网化的具体体现,包括网上银行、手机银行、直销银行等形式。

1. 网上银行——金融服务突破了金融机构网点的限制

网上银行是金融互联网的核心内容。网上银行包含两个层面的含义,一是只能通过互联网办理业务的银行,二是在互联网上办理银行业务。1995年10月18日,美国第一安全网络银行(security first network bank),作为第一家纯网络银行出现,脱离传统具有物理介质的实体银行模式,完全依赖互联网运营。1997年4月,招商银行正式建立了自己的网站,成为国内第一家"上网"的银行,1998年2月推出网上银行"一网通"业务。网上银行通过U盘介质可以实现安全加密认证,实现各种金融业务服务的线上处理,甚至可以实现部分小额贷款线上处理。网上银行彻底将银行从物理网点、自助机具搬到了客户的身边,只要有电脑和网络就可以进行银行操作,打破了时间和空间的限制。

网上银行突破了金融服务对金融机构网点的依赖,但受到计算机设备的体积和固定网络位置的限制,金融服务的物理区域仍有局限。

2. 手机银行——金融服务突破了空间的限制

手机银行使金融业适应了更快捷的移动互联网时代。交通银行于2004年年底推出国内第一家采用无线上网技术并能同时连接中国移动和中国联通的手机银行。而韩国的手机银行业务则起步更早,根据韩国互联网报告数据显示,截至2002年12月,韩国已经有18家银行提供了移动银行服务。手机信号的覆盖范围显然不是有线网络可以比拟的,手机银行服务的推出进一步扩大了服务区域,几乎实现了金融服务的区域全覆盖,哪里有手机信号,哪里就可以办理金融业务。

手机银行打破了物理位置对金融服务的限制,随身携带的手机和无处不在的网络信号使金融企业能够随时随地提供服务。

3. 直销银行——金融服务模式的创新

2014年2月28日,国内首家直销银行——中国民生银行直销银行正式上线。直销银行重点强调只通过网络方式进行客户拓展和服务提供,并提供专属性的金融产品,除了办理直销银行业务时需要先开立直销银行账户,银行客户在使用过程中的体验与柜台服务并无太大差别。直销银行账户是二类账户，因此，客户购买直销银行产品不需要到银行网点开户。

金融互联网时代，金融机构在技术创新方面做了大量的工作，对金融科技的发展起到了积极的推动作用，特别是实现了服务区域全覆盖，但在金融互联网时代背景下，金融机构尚未渗透到互联网场景，在金融"场景革命"的大潮中，前途未卜。

（二）互联网金融

互联网金融是未来金融科技的主导力量，其核心是互联网渠道优势、场景优势、大数据技术、生物识别技术、区块链技术等与"数字革命"紧密联系的技术和金融的结合。互联网金融概念源于大量互联网企业以技术为先导，突破监管限制进入金融领域的现实。未来以金融机构为主和以互联网技术为主的两类金融服务提供者，在市场竞争中趋于新的平衡后，讨论还将回归到金融行业本身。"金融互联网""互联网金融"都将是阶段性概念。

（三）第三方支付

第三方支付是互联网金融最初的形态。创办于1998年的美国贝宝（Paypal）是最早从事第三方支付的企业之一。中国第一家第三方支付公司是首易信支付，也始创于1998年。支付宝是目前国内最有影响力的第三方支付公司。第三方支付公司的成功来自于商业银行对电商业务迅猛发展的重视不足，面对强大的线上支付需求，商业银行不能适时提供支付服务，第三方支付几乎全部抢占了线上电商的支付业务。这是第三方支付带给商业银行的第一个震惊。

（四）网上借贷（P2P）

2005年3月，世界上第一家P2P网络借贷公司——佐帕公司（ZOPA）在英国伦敦成立。2007年6月，中国出现了第一家P2P公司——拍拍贷。面对弱势群体融资难的问题，P2P在产生之初曾被寄予厚望，但此后在中国野蛮成长、创办者良莠不齐、金融风险防控技术不足等问题突显，最终迎来了中国 P2P 行业的寒冬。考虑到信贷业务需要丰富的风险识别技术和严格的贷后管理，监管当局将 P2P 定义为完全的信息中介也欠妥。P2P 未来发展何去何从也尚需观察，但 2014 年和 2015 年 P2P 行业的迅猛发展也确实让金融机构吓了一跳。

（五）互联网众筹

2009 年成立了世界第一家众筹平台——Kickstarter，中国第一家互联网众筹——点名时间成立于 2012 年。相对于第三方支付和 P2P，众筹则处于不温不火的状态。互联网产品众筹、股权众筹等业务发展相对缓慢，且由于存在诸如诚信、法律等问题，点名时间也处在艰难的转型中。

（六）互联网理财

在互联网金融"老三样"（第三方支付、P2P、众筹）都在金融监管整治中找寻突破口的同时，互联网理财则稳步发展。面对金融市场缺乏高收益产品、银行存款利率较低的窘境，一些有实力的大公司依托于强大的互联网渠道优势，纷纷涉足互联网理财领域。最典型的是余额宝，在余额宝的带动下，产生了"宝宝"类活期理财产品，即使商业银行的"宝宝"产品，其活期属性的理财产品也都高于 3 年期存款利率水平。2016 年，年化率为 5%~7% 的理财产品在京东、百度等非金融机构的理财平台随处可见。

（七）区块链

区块链本质是一个加密、分布式的数据库记账式技术，是比特币的核心和底层技术，按照应用场景和设计体系不同，分为共有链、联盟链和专有链。其起源于化名为"中本聪"（Satoshi Nakamoto）的学者在 2008 年发表的奠基性论文《比特币：一种点对点的电子现金系统》。区块链的应用已从单一的数字货币应用，例如比特币，延伸到经济社会的各个领域。区块链技术具有不可篡改性、安全性、开放性、去中心化的属性,为建立有效的信用机制提供了可能,具备改变金融基础架构的潜力。区块链应用于跨境支付、保险理赔中的智能合约、证券方面的数字资产交易、股权登记、新型数字票据等。

根据2017年《中国区块链产业发展白皮书》的数据,2016年区块链领域完成139次累计规模超过4.33亿美元的融资。截至2016年年底,国内已经有近百家与区块链技术相关的公司,在分布最多的金融行业中,这些公司以金融信息化、虚拟货币、金融综合服务为主。

(八)智能投顾

智能投顾由全球机器人投顾领头羊Betterment等美国创新企业发起,最初直接针对客户端用户提供线上产品与服务。通过云计算、智能算法、机器学习等技术,将现代资产组合理论应用到模型中,结合投资者个人财务状况、风险偏好和收益目标,为投资者提供最佳投资组合。业务流程主要包括三大核心环节:客户画像(风险偏好识别)、资本市场预期模型(投资标的选择)、投资组合构建及动态优化等。

依据公开数据统计,2016年美国智能投顾行业的资产管理规模达到3 000亿美元,预测至2020年将增长至2.2万亿美元。中国智能投顾发展尚处于早期阶段,创业公司、券商机构、银行机构、BAT(B=百度,A=阿里巴巴,T=腾讯)等互联网巨头陆续入局,智能投顾市场热潮涌动。

四、全面渗透阶段

从金融角度看,当前金融科技在金融领域取得了巨大的成就,极大地提高了金融服务能力,特别是促进了普惠金融的发展。当前金融科技的成就主要集中在互联网渠道的应用方面。

从技术的角度看,生物识别、大数据、人工智能、区块链、云计算等新兴技术已经日趋成熟，未来生物识别技术会在客户准入、身份认定方面发挥作用，大数据和人工智能将会改变风险评估技术，提升客户画像能力。以此为基础，金融科技将得到更长足的发展：一方面，金融会向外发展，出现金融与场景的深度融合，即场景金融；另一方面，技术会向内发展，从客户准入、风险识别、客户营销、服务交付等各环节颠覆金融现有的作业模式，提升传统金融的效率，解决传统金融的痛点。

从监管的角度看，面对金融科技带来的多种多样的金融创新，监管部门同样也面临严峻挑战。英国监管当局2015年3月提出"监管沙盒"的概念，帮助其思考采用何种标准制订设计方案以确保监管沙盒安全、正常运行，并且在实践中发挥积极作用。这3个要素相互结合、相互作用，构成沙盒的基本机制，为监管当局提供了一个面对复杂环境降低监管成本的试验场。

总而言之，未来数字科技与金融的融合将会更加深入，并进一步促进金融服务能力的提升。

第四节　金融科技的经济学分析

科学技术是推动人类社会发展、文明进步的内在动力，石器、青铜器、铁器、蒸汽机等生产工具是人类文明程度的典型代表。从经济学的角度看，科学技术的每次重大进步都会颠覆过去的生产模式，带来生产效率的显著提升。充分就业状态的潜在社会生产能力和生产可能性边界等决定经济总量的因素，也是由科学技术水平决定的。

蒸汽机将人类带入"工业革命"时代，经过两百多年的发展，科学技术已经进入了新的时代。正如习近平主席2015年12月16日在第二届世界互联网大会开幕式上的讲话中指出的："纵观世界文明史，人类先后经历了农业革命、工业革命、信息革命。每一次产业技术革命,都给人类生产生活带来巨大而深刻的影响。"

信息时代是一个"01"主导的技术变革时代,也许称为"数字时代"更为合适。一些学者认为这个时代自1946年计算机诞生起,也有些学者认为从1969年美国阿帕网的搭建开始。信息时代经过几十年的孕育,在21世纪以互联网经济为特征,经济发生了腾飞式的增长。到现在,互联网、大数据、人工智能、生物识别、区块链和云计算等数字技术蓬勃发展。从产业上看,数字技术对经济发展的价值也开始充分凸显,亚马逊、苹果、脸谱、阿里、腾讯等数字技术企业正在颠覆现有的经济生产模式,"互联网+零售""互联网+金融""互联网+娱乐""互联网+出租"等数字技术正在改变各个行业的生产模式。

数字技术影响的不是一个行业,而是各个行业的生产模式,金融业只是其中一个。梳理经济学中有关行业变革的理论,有助于理解行业变革的原理和未来的发展趋势。

一、斯密的分工理念

蒸汽机的发明,带来了经济的飞速发展,也诞生了现代经济学的奠基之作《国富论》。亚当·斯密在《国富论》的开篇第一篇第一章就讨论了现代经济中企业变革创新的分工理论,著名的"制针分工理论"阐明了从"铁器时代"的手工作坊生产模式到"蒸汽机时代"的工厂生产模式的变革原理,科学技术的进步必然带来新的生产模式,以及基于新生产模式下的分工。因此,数字时代金融科技以什么方式重塑现代金融模式、生产模式如何变革、金融企业如何重新分工,都可以从斯密的分工理论中汲取养分,从基本层面发现变革点、创新点。

（1）从技术因素对金融行业生产模式带来的变革看，主要有以下几个变革点和创新点：

第一，计算机改变了金融系统的记账模式、信息存储和处理模式，提高了金融系统的记账能力、支付清算能力、信息分析和处理能力。

第二，互联网改变了金融系统的生产"场所"，与客户的服务交付由金融机构的物理网点转移到互联网上，因此可以为客户实现随时随地的金融服务。

第三，金融业重要的是经营风险的能力，数字时代的大数据和人工智能技术，使信息收集能力、存储能力、处理能力和分析能力都得到质的提升，这也是数字技术对金融业生产能力提升最大之处。

第四，生物识别技术将摆脱必须由人来核验身份证件的客户准入方式。

第五，区块链技术使得探索新的货币发行方式、支付结算方式等成为可能。

金融业的生态模式已经发生了巨大的变化，并且这种变化还会进一步扩大。

（2）从分工的角度看，主要存在以下几个变革点和创新点：

无论金融系统内部，还是金融系统外部，分工都在发生着巨大的变化。

首先，在金融系统内部，物理网点的作用在逐渐下降，功能也由作业型网点向销售型网点转变，在部门设置上出现了互联网部门、直销部门；在金融机构的类型上，出现了专门依靠互联网渠道的互联网银行、互联网保险公司等。

其次，在金融系统外部，出现了第三方支付、P2P、互联网众筹等"金融科技"企业，为金融机构服务的大数据公司、征信公司、区块链公司等依托于IT技术的金融机构服务商也被冠以"金融科技"企业的光环，金融机构与互联网企业在场景和渠道上的合作更是如火如荼。

未来除了属于金融机构核心业务的风险管控依然会保留在金融体系内，

其他任何环节的分工都可能由金融系统外的服务供应商提供，甚至会出现庞大的垂直服务供应商，为各种金融机构提供客户营销渠道、客户信息采集、分析和处理以及风险评估数据、评估技术等服务。总体上看，任何形式、任何层次、任何范围的分工，都有可能会创造出新的生产力。

二、熊彼特的创新理念

约瑟夫·熊彼特是20世纪最著名的经济学家之一，是为数不多的阐述四大生产要素中"企业家才能"的经济学家，也是创新理论的奠基人。熊彼特强调企业家才能的重要性，认为企业家的本质是创新，创新的动力来自于企业家精神，并提出了创新的5种类型：新产品、新生产方法、新市场、新原材料和新组织。

从企业家才能来说，金融科技企业不但要有创新互联网技术才能的科学家，更要有能够组织企业生产的企业家，好的创新还要有好的土壤供其生长。从企业创新的方向上看，熊彼特的五大创新类型中，只有原材料与这次数字技术的创新浪潮相关性较弱。

（1）在产品创新上，网上银行、直销银行、POS、EPOS、网上支付、互联网银行、股票平台、比特币等，都是提升客户服务能力、服务质量和服务满意度的重大创新。

（2）在生产方式创新上，互联网、生物识别、大数据、人工智能、区块链等都会改变现有金融行业的生产模式。

（3）在市场创新上，互联网形成了一个无时间限制、无空间限制的广大金融市场，任何一个客户都随时可以接入金融市场，也许未来股市也不休市了、人民银行清算系统也不间断了，市场将成为一个史无前例的大市场。

（4）在组织创新上，金融机构的边界在模糊，金融机构和线上线下企业的合作越来越紧密，服务场景、客户渠道、数据收集整理、征信服务、智能算法、运营服务等各金融环节都逐渐运营化、垂直化，金融业的生态组织模式都在不断调整，参与者的身份也在不断优化。

金融科技的变革设计者，如果能够充分理解熊彼特创新理论的精髓，对其找到一个合理的金融科技"风口"应该大有裨益。

三、科斯的交易成本理念

罗纳德·哈里·科斯凭借《企业的性质》和《社会成本问题》获得了诺贝尔经济学奖，在科斯的理论体系中，一个重要的概念就是"交易成本"，边际交易成本是决定企业规模大小和企业边界的重要因素。

在数字技术的冲击中，无论是传统金融机构在选择创新点提高市场竞争力，还是金融科技企业在选择创新点创办新企业时，都要考虑一个核心的经济学要素，即"选择的创新点"能否大幅降低"社会交易成本"。商业银行的网上银行、直销银行不需要客户到物理网点就能办理银行业务，肯定是降低了社会交易成本；炒股软件不需要客户到证券公司的物理网点去提交"订单"，肯定是降低了社会交易成本；第三方支付让支付结算活动伴随电商交易直接发生，去掉了客户开户银行的选择、银行卡账户输入等烦琐环节，肯定也降低了社会交易成本。

每一个基于数字技术的金融创新，都必然伴随着社会交易成本的大幅度下降，无论创新者是否认识到这条经济学"铁律"，它都必须存在，否则必将导致失败。一个典型的反面案例就是"P2P"。虽然大量P2P公司目前仍然在持续经营，甚至有些还是中国互联网金融协会的会员，但P2P所宣传的创新价值和监管部门对其的定位显然不能"大幅降低"社会交易成本。首先，作为信息中介，P2P不能解决借贷的核心问题——"风险识别"。P2P所能提供的只是互联网渠道和运营服务，对于大量的投资者来说，他们之所以投资P2P是因为各平台直接或间接的保本承诺，而这又触碰了监管部门的红线，因为如果保本，就相当于 P2P 平台做了资金池，获得了银行牌照。但如果没有平台的担保，一方面，仅凭网络平台所提供的信息，投资者不能做出风险大小的判断；另一方面，即使信息足够，投资者也没有足够的能力做出风险大小的判断。其次，从交易成本看，P2P 也很难说降低了交易成本。根据各互联网平台支付给投资人的投资收益就可以看出，大牌、稳健的 P2P 平台一年期的收益率大概在 10%，15% 以上的比比皆是，再经过担保，增加 2%~4%，加上平台 2%~4% 等各个环节的成本加成，借款人的借款利率应该在 15% 以上，正常在 20% 左右，已经接近法律允许的民间借贷 24% 的边界，何谈降低了社会交易成本。

如果 P2P 有存在的必要性，那还是要以"风险识别"的交易成本下降为突破口。例如，通过与场景互联网平台合作，获得大量客户的互联网网络行为特征数据，其成本低于商业银行；通过人工智能技术，获得比银行更先进的风险计量模型；通过互联网客户网络行为特征数据的持续获得，降低"贷后管理"的成本等。如果没有风险识别成本的降低，P2P 被严格整治的事情还会发生，信息中介的模式不但路远且长，还会前途渺茫。

四、哈默的企业再造理念

1993 年，迈克尔·哈默和詹姆斯·钱皮合著的《企业再造》是一部销售量超过 200 万的企业管理畅销书，是现代企业实现蜕变式发展的指导理论。这一理论基于对 3C（customer, competition, change）的剖析，对业务流程进行根本性重新设计，以降低成本，实现质量、服务和速度等方面的显著改善。哈默从一个管理咨询大师的视角，分析了企业再造的实施方法，他将流程作为一切行动的起点，分析问题、提出思路、方案设计都是从流程出发，一切以"为客户提供价值服务"为核心，从"端到端的流程"来对企业进行再造。

在数字技术带来金融企业再造、金融生态再造、金融科技"风口"频出的时代，如何将互联网渠道、生物识别技术、互联网场景、大数据、人工智能、区块链等技术更好地应用到金融领域，发现价值商机，哈默的流程再造理论会让创业者受益匪浅。

第二章
金融科技体系框架

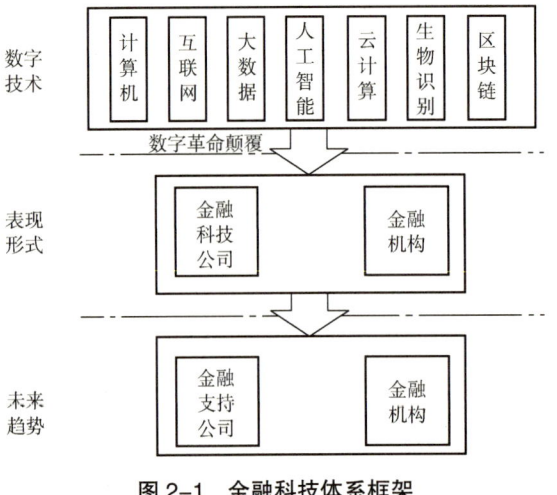

图 2-1 金融科技体系框架

金融科技是一个相对宽泛的概念，核心含义是"01"数字技术在金融行业的颠覆性应用。未来金融科技发展的核心是如何通过金融科技公司、金融机构两个维度来改变金融生态，并最终回归金融本质。笔者从金融科技对未来金融生态影响的角度，构建如图 2-1 所示的金融科技体系框架。

金融科技体系分为 3 个部分：第一部分是数字技术，具体定位于影响金融业务的数字技术，而不是所有的科学技术。第二部分是表现形式，由两个主体构成，分别是金融科技公司和金融机构。一方面是新成立的金融科技公司在金融市场针对某种金融产品或金融活动参与竞争；另一方面是金融机构利用数字技术实现创新，提高金融市场的服务能力。第三部分是未来趋势，金融科技的本质是金融，通过竞争和融合，最后能够留下来的金融科技公司中，提供金融产品的将转变成金融机构，提供某项金融活动的将演变为金融支持公司，同时原有金融机构和金融科技公司转变成的金融机构将深度融合，在市场上不再表现出差异。

第一节　金融科技相关数字技术

数字技术是金融科技的核心起点。从数字技术对金融的影响程度看，数字技术分为两个层次：一是已经在金融领域广泛应用的技术，包括互联网技术、大数据技术和人工智能技术等；二是对金融产生间接影响或潜在影响的技术，包括生物识别技术、区块链技术和云计算等。金融科技技术架构如图2-2所示。

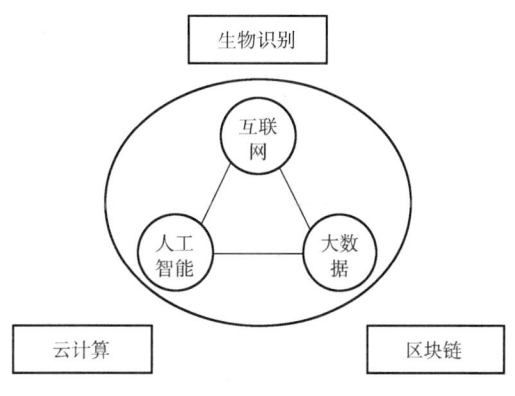

图2-2　金融科技技术架构

一、互联网技术

互联网技术彻底改变了金融服务的渠道，实现了 7×24×365 小时的全天候服务、网络覆盖下的全区域服务、融入场景的便捷式服务。随着互联网技术的发展，互联网金融将在线上线下结合，并在物联网、车联网等方面进一步发展，实现金融服务渠道、模式、范围等方面的深度拓展。

例如，移动运营利用移动互联网手段，由客服人员、营销人员携带便携设备，或由客户通过自有的移动终端设备接入运营后台，无须营业场所的支持，向客户推介和提供服务和产品。随着 5G 网络基础设施的建设和网络标准化的推进，后续将会有更多的设备接入网络，那时候将正式进入物联网时代。

二、大数据技术

大数据作为一种新兴的数据处理技术，最早出现在 20 世纪 80 年代的美国。在数字存储时代，商业银行在信息化的发展中，短时间内产生了大量的业务数据、中间数据和非结构化数据等。大数据技术帮助商业银行从这些海量数据中提取出有价值的信息，得出具有实际意义的分析结果，为商业银行提供多种角度的参考和决策帮助。大数据通过多平台获取用户信息，以大数据打造的画像建立模型，打造精准画像，实现"定向推销"与"定向服务"。

汇丰银行、花旗银行和瑞士银行是数据挖掘技术应用的先行者。在国内商业银行中，大数据技术也逐渐在业务中得以尝试实践，金融机构期望通过获取更加全面、有价值的信息，抑制金融各类风险的发生。随着互联网经济的蓬勃发展，各种互联网场景产生了大量的数据，基于互联网的金融大数据技术，如何在合法的空间下大大增加金融数据的信息来源、信息数量，提供更多的信息分析维度，使得金融机构数据收集、整理、存储和分析能力得到大幅度提升是行业亟待解决的热点问题。

三、人工智能技术

金融机构以大数据为新的信息分析基础，通过神经网络、机器学习、深度学习、知识图谱、自然语言处理、人机交互、计算机视觉等大数据分析技术，产生各种各样的智能算法，实现对客户的深度画像、风险评估能力的提升、智能投顾等人工智能应用。自 20 世纪 60 年代开始，人工智能在数据、算法和计算能力方面取得了飞速发展，在全球经济数字化的背景下迎来了新的发展浪潮。

人工智能在金融领域的应用具有四大优点：

（1）大幅提升风险识别能力，降低风险识别成本，为实现普惠金融商业可持续发展奠定坚实基础。

（2）颠覆征信模式，人工智能使征信体系从主要依赖有限历史信贷信息，转变成针对征信对象全维度、智能化、持续性的征信评估。

（3）通过客户画像，实现客户的精准化营销。

（4）通过智能投顾，为客户提供更具全面性、便捷性和差异化的金融综合解决方案。

四、云计算技术

计算是"01"科技三大基础技能之一，云计算颠覆了计算机的计算模式，大幅度提升了计算机的计算能力，为基于大数据的人工智能算法的广泛使用提供了算力支持。

云计算的不同模式可以帮助金融机构从资本密集型转移到可以降低运营成本的更灵活的商业模式，成功的关键在于选择正确的云计算模式来适应业务需求。云计算的服务模式包括业务流程即服务（BPaaS）、软件即服务（SaaS）、平台即服务（PaaS）和基础设施即服务（IaaS）。

最基础的3种云计算的部署模型包括私有云、公有云和混合云。当前国内金融行业使用云计算技术采取了两种模式——私有云和行业云，而对公有云的接受程度相对落后于其他行业。瑞银银行利用云计算完成数字化转型，充分利用公有云计算资源完成风险计算工作。邮储银行部署互联网金融生产云，承载邮储银行种类繁多的互联网金融云业务，从而满足其对开放性、稳定性、灵活性以及安全性等方面的需求。兴业银行部署金融行业云，率先将云计算技术用于生产系统，而且将云计算技术推向金融行业云的维度，这是一个金融行业应用行业云比较典型的案例。

五、生物识别技术

生物识别技术是通过将计算机与光学、声学、生物传感器和生物统计学原理等高科技手段密切结合，利用人体固有的生理特性（如指纹、掌纹、指静脉、脸象、虹膜等）和行为特征（如笔迹、声音、步态笔迹等）来进行个人身份的鉴定。生物特征识别技术涉及的内容十分广泛，识别过程涉及图像处理、计算机视觉、语音识别、机器学习等多项技术。作为重要的智能化身份认证，生物识别技术在金融、公共安全、教育、交通等领域得到广泛应用。

生物特征识别解决以下问题：

（1）彻底摆脱物理网点限制。从开户到金融服务，客户都无须去网点办理，客户归属消除了区域限制。

（2）生物识别解决了密码遗忘和密码伪造等问题。生物识别利用人体固有特征进行身份鉴定，这些"固有特征"可以分为两种：一种是生理特征，又称为静态特征，如我们每个人与生俱来的指纹、脸纹、眼纹等；第二种是行为特征，又称为动态特征，如我们的笔迹、声音、步态等。虽然这些特征受后天影响较大，但是我们每个人的行为特征和其他人都是不一样的。

六、区块链技术

区块链技术具有去中心化、无须中心信任、不可篡改和加密安全等特点。比特币的成功让区块链技术进入大众视野，并为其未来在金融领域的应用提供了广阔的想象空间。区块链技术的应用主要有以下3个方面。

（一）货币创造

比特币的实验颠覆了中央银行的货币发行权，一种超国界的货币开始在世界流通。虽然各国对比特币褒贬不一，但让比特币消失已经不太可能，研究未来电子货币发行成为各国中央银行必须面对的课题。

（二）区块链支付

在支付领域，区块链技术的应用有助于降低金融机构间的对账成本及争议解决的成本，从而显著提高支付业务的处理速度及效率，这一点在跨境支付领域体现得尤其明显。另外，区块链技术在支付领域所带来的降低成本和提高效率的优势，使得金融机构能够去处理以往因成本因素而不愿提供的小额跨境支付等业务，有助于提高金融服务的水平。

（三）智能合约

智能合约是将具体条款以计算机语言而非法律语言记录的智能合同，这些智能合同的工作原理类似于其他计算机程序的 if-then 语句。当一个预先编好的条件被触发时，智能合约就会执行相应的合同条款。与传统合约相比，区块链具有不可更改性，可以避免一方对合同的篡改，与此同时，智能合约在条件触发时自动执行，极大地降低了执行成本和合规成本。

第二节　数字技术与金融融合

数字技术对金融的影响体现在两个维度：一是金融科技技术公司作为"异类"，从外部进入金融领域；二是传统金融机构从内部改进、优化服务能力。

我们从传统金融机构的业务类型，即银行、保险、证券、基金、信托、期货和租赁等来分析金融科技的影响。数字金融的业务如图 2-3 所示。

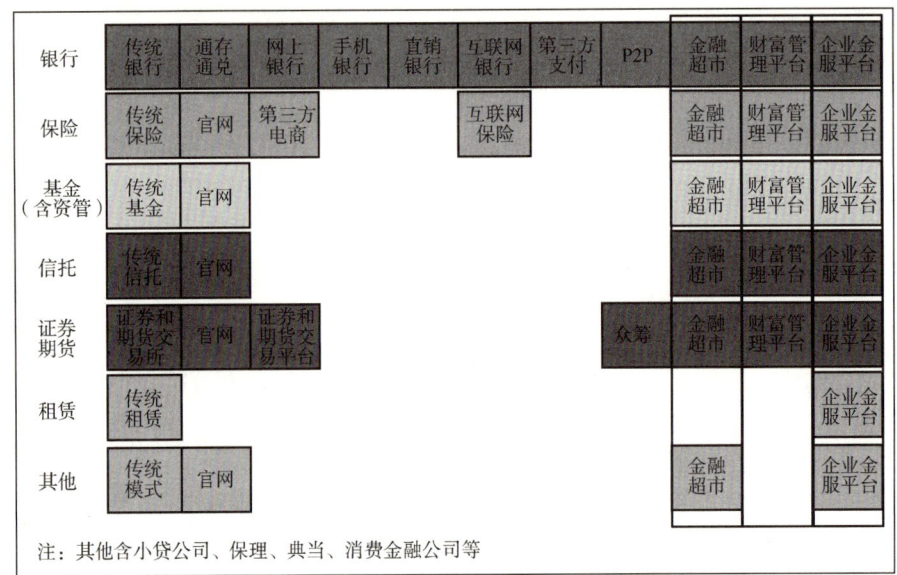

图 2-3 数字金融业务

一、传统金融机构的变革

(一)商业银行积极拓展互联网渠道业务,离柜率大幅提升

在传统银行业领域,物理网点仍是金融服务的主要提供渠道,银行网点覆盖所有乡镇,但物理网点增长速度在下降,自动取款机(ATM)和POS机成为商业银行服务的重要延伸。

截至2015年年末,中国银行业金融机构网点总数达22.4万个,实现功能分区的营业网点有12.07万个,全国布局建设自助银行17.05万家,自助设备达到82.88万台,交易总量达459.31亿笔,交易总额达到56.55万亿元。截至2016年年底,银行业营业网点达22.8万个,网点布局更趋合理。

相比之下,物理设备的增加更为快速。根据中国人民银行在《2016年支付体系运行总体情况》中发布的数据,截至2016年年末,银行卡跨行支付系统联网商户有2 067.20万户,联网POS机具有2 453.50万台,ATM有92.42万台,比2015年分别增长23.78%、7.51%、6.63%。

综上可知，中国银行业物理网点和物理设备仍呈持续增长态势，物理设施在金融服务中仍然发挥着重要作用。

普通消费者最初感知到的数字金融形式是网上银行和手机银行。在中国人民银行支付结算统计分析中，2015年之前，电子支付的统计口径只有网上银行、手机银行和电话银行，这些业务的快速发展催生了"电子银行"和"电子支付"的概念。随着各方关于数字技术对金融影响认识的加深，ATM和POS机等业务也被认为是数字金融，这五大业务成为传统商业银行数字金融业务的代表，普通消费者甚至将其视为全部。2015年后，中央银行电子支付范围扩大，ATM、POS机和其他一些形式也被纳入其中。人民银行电子支付统计口径变化如图2-4所示。

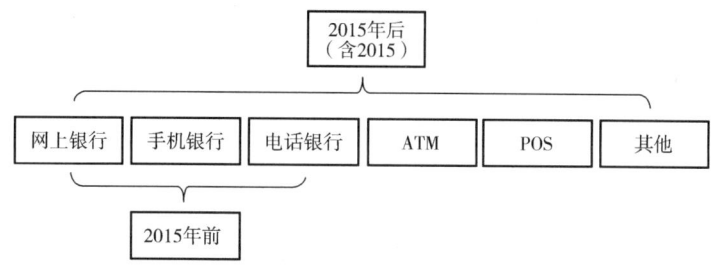

图2-4 人民银行电子支付统计口径变化

根据中国人民银行的《支付业务统计指标》数据，2016年电子支付交易达1 395.61亿笔，交易金额达到2 494.45万亿元。按调整前的口径，电子支付业务在2012—2016年持续增长，2016年业务笔数比2012年增长了2.57倍，达到721.67亿笔。2016年交易金额比2012年增长了1.72倍，达到2 259.56万亿元。具体电子支付数据见表2-1。

表 2-1 电子支付数据一览表

年份		2012	2013	2014	2015	2016
非现金交易	交易笔数（亿笔）	411.4	501.58	627.52	943.22	1 251.11
	交易金额（万亿元）	1 286.36	1 607.56	1 817.38	3 448.85	3 687.24
电子支付（调整前口径）	交易笔数（亿笔）	202.38	257.83	333.33	505.06	721.67
	交易金额（万亿元）	830.5	1075.16	1 404.65	2 141.41	2 259.56
	平均交易金额（万元）	4.10	4.17	4.21	4.24	3.13
电子支付（调整后口径）	交易笔数（亿笔）	—	—	—	1 052.34	1 395.61
	交易金额（万亿元）	—	—	—	2 506.23	2 494.45
	平均交易金额（万元）	—	—	—	2.38	1.79

数据来源：中国人民银行《支付业务统计指标》。

电话银行 2016 年交易 2.79 亿笔，交易金额为 17.06 万亿元，与网上银行和手机银行差距甚大。如图 2-5 所示，从各年情况看，2013 年、2014 年、2015 年电子支付业务笔数和交易金额持续增长，2015 年增速超过 50%，2016 年交易笔数增长仍处于 42.89% 的高位，但交易金额仅增长 5.52%。不过，口径扩大后，2016 年交易金额出现负增长，其原因待研究。

从平均交易金额看，按可比口径，2016 年电子支付业务结束了此前数年的上升趋势，出现下降，降至 3.13 万元，按调整后口径，平均交易金额更低，2015 年为 2.38 万元，2016 年为 1.79 万元。电子支付已经成为最便捷、最廉价的金融服务通道。

根据中国人民银行《支付业务统计指标》，非现金业务并不完全包含电子支付业务。以电子支付在非现金业务中的占比，可以说明电子支付业务的发展状况。如图 2-6 所示，2012—2016 年，电子支付与非现金交易金额的比例一直高于 60%，2012 年最低，为 64.56%，2014 年最高，达到 77.29%；2015 年人民银行调整统计口径后，电子支付交易笔数已超过了非现金交易笔数。

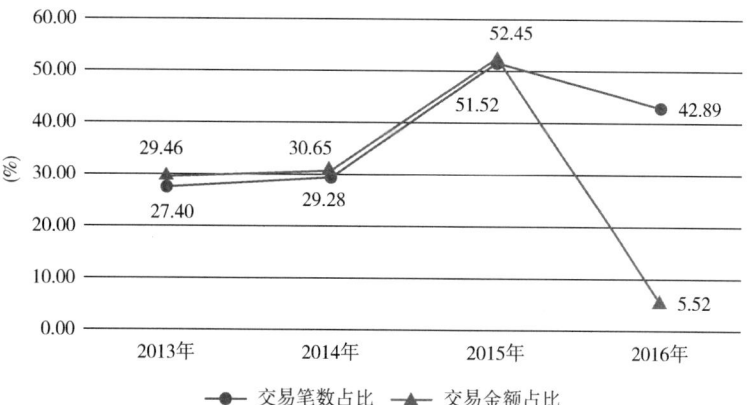

图 2-5　2013—2016 年电子支付业务的增长状况

数据来源：中国人民银行《支付业务统计指标》。

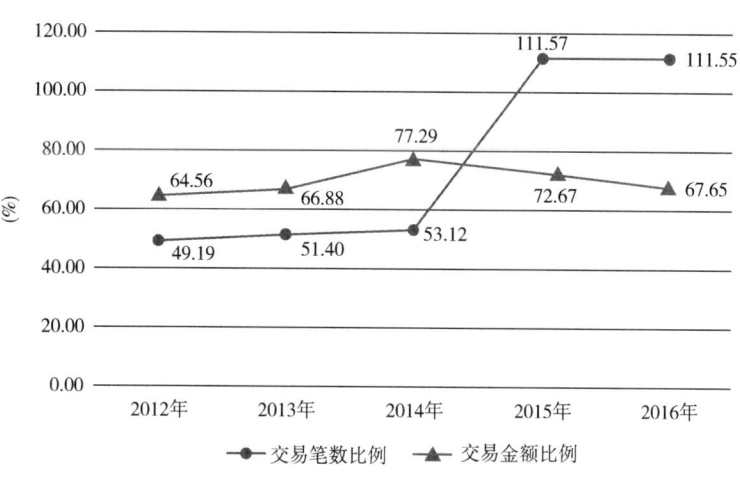

图 2-6　电子支付与非现金交易的比例关系

数据来源：中国人民银行《支付业务统计指标》。

电子支付的发展直接导致离柜率大幅提高。离柜率，即通过移动设备、电子自助服务、智能终端等离开柜台办理银行业务的数量占所有业务量的比例。银行离柜率直线上升，网络交易数量快速增长。

从显性特征看，传统金融机构变革的核心主要在将传统业务与互联网结合，典型表现形式是网上银行、手机银行、直销银行、官网、微信公众服务号和手机应用程序（APP）等。随着银行智能设备的大面积覆盖，网上银行、手机银行等业务模式蓬勃发展，针对金融对象的小额非现金业务正逐步改变服务模式，从由商业银行提供逐渐演变成客户自助，金融服务成为客户购买设备（手机和电脑）的附加功能，并不额外增加客户成本，提高了金融服务的可获得性。

根据《中国银行业服务改进情况报告》数据，商业银行离柜率情况见图2-7。截至2016年年末，银行业离柜率水平达到84.31%，与2012年相比提升30个百分点，离柜交易笔数达1 777.14亿笔，是2012年的2.44倍，离柜交易金额达到1 522.54万亿元，是2012年的1.65倍。离柜率增长最快的是2015年，提高近10个百分点。离柜率、离柜交易笔数、离柜交易金额的大幅增长，充分显示了数字金融在提升商业银行金融服务能力中的巨大作用。

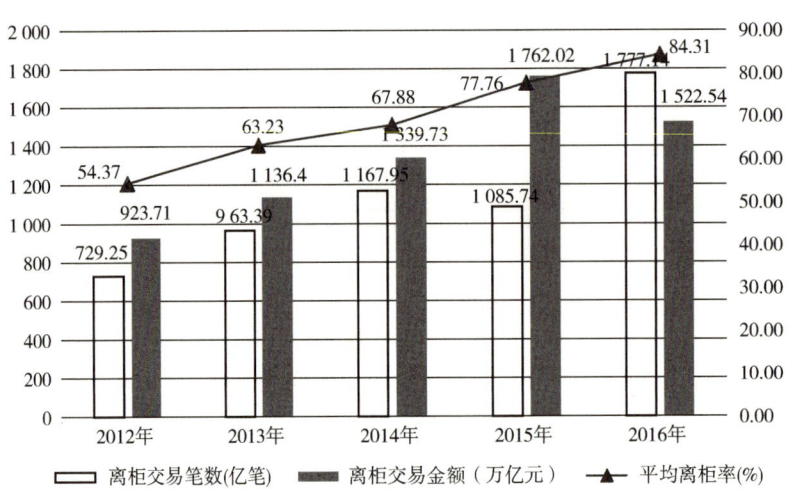

图2-7　商业银行离柜率情况

数据来源：根据《中国银行业服务改进情况报告》整理。

离柜率上升导致商业银行柜台减员，降低了金融服务成本。2016年年底，银行营业网点还在增加，但多家银行都裁减了柜员。据银行业协会数据显示，截至 2016 年年末,工商银行共减少柜员 14 090 人,农业银行减少 10 843 人,建设银行减少 30 007 人,这固然与近几年商业银行利润增速下滑有关,但更多的是源于数字金融带来的低成本替代服务能力的提升。

1. 网上银行

自 1997 年 4 月招商银行在国内率先建立网站以来,各商业银行积极发展网上银行业务,服务渠道从线下延伸到线上。网上银行的出现,让消费者逐渐认识到数字金融的威力,使消费者摆脱了金融机构物理网点和服务时间的约束。网上银行不仅在服务区域上实现大跨越,还可以让消费者在 7×24×365 小时享受金融服务。网上银行最高能够达到 500 万元的支付限额,几乎可以满足消费者的所有需求。

根据《中国银行业服务改进情况报告》数据,2012—2016 年,网上银行业务快速发展,交易数据见表 2-2。截至 2016 年年末,全国网上银行个人客户达 12.19 亿户,企业网上银行客户达 0.27 亿户,分别比 2012 年增长 107% 和 125%。2016 年网上银行交易 850 亿笔,比 2012 年增长 70%;交易金额 1 777 万亿元,比 2012 年增长 102%。

表 2-2 2012—2016 年网上银行交易数据

年 份	2012	2013	2014	2015	2016
个人客户数(亿户)	5.88	7.53	9.09	10.76	12.19
企业客户数(亿户)	0.12	0.15	0.17	0.2	0.27
交易笔数(亿笔)	499.5	500	608	429	850
交易金额(万亿元)	877	1 067	1 269	1 601	1 777

数据来源:根据《中国银行业服务改进情况报告》整理。

在网上银行的诸多业务中,网上支付发展迅速。据中国人民银行支付清算数据(见表 2-3),2016 年网上支付交易 461.78 亿笔,金额达到 2 084.95

万亿元。可能统计口径存在差异,《中国银行业服务改进情况报告》披露的网上支付交易 850 亿笔,是人民银行统计的近两倍,但交易金额只有 1 777 万亿元。

表 2-3 2012—2016 年网上支付交易数据

年 份		2012	2013	2014	2015	2016
电子支付[①]	交易笔数(亿笔)	202.38	257.83	333.33	505.06	721.67
	交易金额(万亿元)	830.5	1 075.16	1 404.65	2 141.41	2 259.56
	平均交易金额(万元)	4.10	4.17	4.21	4.24	3.13
网上支付	交易笔数(亿笔)	192.38	236.74	285.74	363.71	461.78
	交易金额(万亿元)	823.01	1 060.78	1 376.02	2 018.20	2 084.95
	平均交易金额(万元)	4.28	4.48	4.82	5.55	4.52
网上支付在电子支付中占比	交易笔数占比(%)	95.06	91.82	85.72	72.01	63.99
	交易金额占比(%)	99.10	98.66	97.96	94.25	92.27

数据来源:中国人民银行《支付业务统计指标》。

尽管随着手机支付的大量应用,网上支付在电子支付中的占比逐年下降,但 2016 年交易笔数仍占到 63.99%,低于 2012 年 31.07 个百分点;交易金额占比的下滑幅度则小很多,由 2012 年的 99.10% 下降到 2016 年的 92.27%,这说明手机银行主要承担小额支付任务,大额交易仍然依赖网上银行。网上支付在电子支付中交易笔数占比见图 2-8。

[①] 为了比较方便,此处电子支付数据仅包括网上银行、手机银行和电话银行 3 类业务。

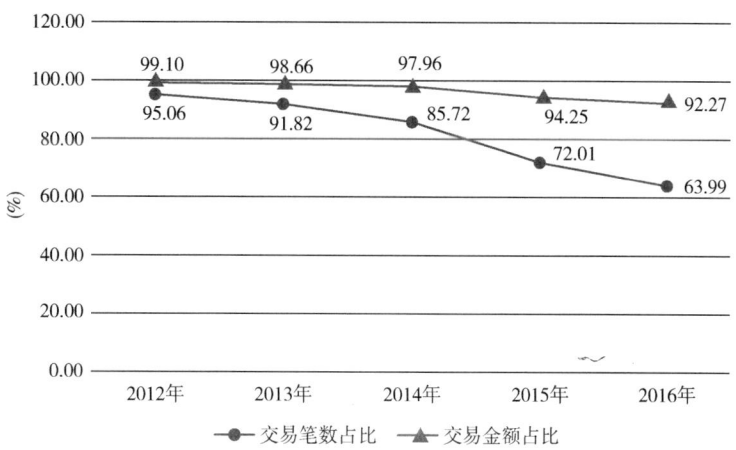

图 2-8 网上支付在电子支付中交易笔数占比

数据来源:《中国银行业服务改进情况报告》。

2. 手机银行

近年来无线通信速度提升、覆盖面积扩大以及智能手机的应用,使手机银行迅速普及,消费者通过手机 APP 可以获得随时随地的金融服务。为了降低金融风险,商业银行的手机银行交易限额多在 10 万至 20 万元,但相比于网上银行,手机银行更加轻便,且无区域限制,扫码支付更加便捷。手机银行消除了金融服务的城乡差异和地区差异,使现金交易量大幅下降,支付交易成本进一步降低。

根据中国人民银行支付数据,2016 年手机银行移动支付 257.1 亿笔,比 2012 年增长 47 倍;交易金额达到 157.55 万亿元,比 2012 年增长 67 倍。2012—2016 年手机银行业务见表 2-4。

移动支付已经成为电子支付的后起之秀。2015 年和 2016 年,移动支付的交易笔数、交易金额增速都超过 100%。移动支付在电子支付中的占比快速攀升,交易笔数占比从 2012 年的 2.64% 提高到 2016 年的 35.63%,增长 12.49 倍,交易金额占比从 2012 年的 0.28% 提高到 2016 年的 6.97%,增长 23.89 倍。交易笔数占比和交易金额占比存在巨大差距，说明移动支付是小额支付的重要通道，彰显了其普惠性质。

表 2-4　2012—2016 年手机银行业务

年　份		2012	2013	2014	2015	2016
电子支付[①]	交易笔数（亿笔）	202.38	257.83	333.33	505.06	721.67
	交易金额（万亿元）	830.5	1 075.16	1 404.65	2 141.41	2 259.56
	平均交易金额（万元）	4.10	4.17	4.21	4.24	3.13
移动支付	交易笔数（亿笔）	5.35	16.74	45.24	138.37	257.1
	交易金额（万亿元）	2.31	9.64	22.59	108.22	157.55
	平均交易金额（万元）	0.43	0.58	0.50	0.78	0.61
移动支付占比	交易笔数占比（%）	2.64	6.49	13.57	27.40	35.63
	交易金额占比（%）	0.28	0.90	1.61	5.05	6.97

数据来源：中国人民银行《支付业务统计指标》。

理论上，网上银行业务都能在手机银行办理，但在实践中，并非如此。手机银行客户端界面呈现的产品功能可总结为 4 个大板块、12 个小板块，如图 2-9 所示。横向从左至右，金融服务复杂程度递增，纵向从下至上，所提供的服务的金融属性减弱。按金融服务的复杂程度，手机银行业务的第一大板块是基础业务，包括汇款、转账、缴费、预约和购物订票；第二大板块是理财业务，包括本行理财产品及以银行为第三方机构代销的理财产品；第三大板块是移动客户端贷款业务，包含个人直接贷款及线上申请信用卡；第四大板块是银行代客业务，包括外汇、贵金属等。大型全国性商业银行几乎具有图 2-9 所示的所有功能，农村商业银行或信用社的功能则集中在左下角。

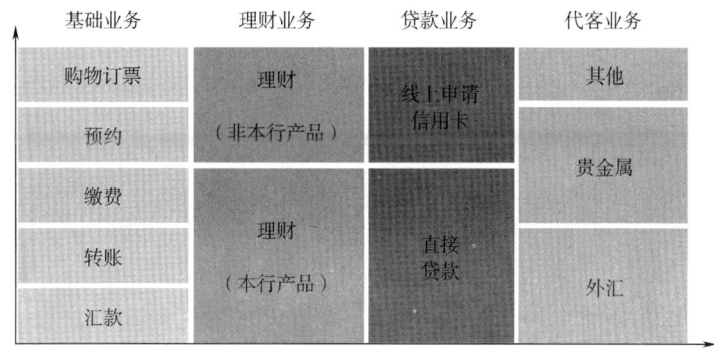

图 2-9 手机银行产品功能

支付和理财业务是手机银行的主要业务。大多数银行的手机银行也开通了汇款、转账、缴费、本行理财和非本行理财等业务。但是,线上申请信用卡、外汇业务和贵金属业务 3 项业务,手机银行开通较少。手机银行功能的拓展还有较大空间。五大行手机银行基本涵盖了所有功能。12 家中小型股份制银行中,有 5 家并未提供健全的贷款和代客功能。城商行手机银行多提供理财业务和贷款业务,基本不提供代客业务。农商行手机银行只提供简单线上金融服务,有 3 家不提供转账汇款业务,基本不提供贷款和代客业务。

总体来看,目前手机银行还不能完全实现网上银行功能,手机银行要想完全代替银行网点,还有很多技术门槛、风险门槛和监管门槛,需不断发展才有可能逐步实现。

3. 直销银行

在余额宝、P2P 业务、各种理财平台、互联网超市等新型互联网金融的竞争下,商业银行选择发展直销银行来应对。

直销银行有几个优点:一是直销银行账户是 II 类账户,无须到现场网点开户,彻底摆脱了物理网点的限制;二是直销银行可以突破跨区域经营限制;三是没有网点经营费用和管理费用,直销银行可以为客户提供更有竞争力的存贷款价格及更低的手续费率。鉴于客户有从物理网点向线上渠道迁移的趋势，直销银行将客户群下沉到普通大众群体，尤其是偏远或农村地区无法触及金融信息与服务的群体，利用互联网平台，摆脱物理网点的局限性，为资金供需双方提供了有别于传统银行业和证券市场的新渠道，更加直接地发挥普惠金融的作用。

中国直销银行的发展始于2013年，北京银行与荷兰国际（ING）集团合作创立了国内最早的直销银行。2014年直销银行进入快速发展期，当年首次上线的直销银行数量达到22家，2015年增至32家，但2016年数量大大减少。截至2016年年底，中国共有直销银行72家，多数全国性股份制商业银行、城商行在2014年年底、2015年年初完成了直销银行业务布局，随后一些小型城商行、农村商业银行跟进，国有大银行中除了工商银行设立了直销银行——融e行，其余4家尚无开设直销银行的计划。在已有的直销银行中，2014年2月28日正式上线的民生银行直销银行发展较好。根据民生银行年报，2015年年末直销银行年累计客户数达286.72万户，2016年12月已突破500万户大关。

由于服务成本降低，直销银行销售的理财产品收益率普遍高于同期银行在售理财产品。以南京银行及其直销银行"你好银行"为例，在2017年3月30日5万元起投的理财产品中，南京银行活期年化收益率为4.00%，1月期为4.40%，2月期为4.45%，3月期为4.50%，6月和12月期利率为4.60%和4.70%；而"你好银行"的理财产品活期利率为4.44%，1月期、2月期、3月期、6月期和12月期利率分别为4.45%、4.45%、4.55%、4.65%和4.75%，均不低于银行理财产品利率，具体情况如图2-10所示。

直销银行最大的亮点是通过手机号、身份证号和银行卡号的交叉验证，实现非现场开户。在这一过程中，银行与客户的沟通与交易依靠电子渠道完成，大量节省了房租、人力等成本，节省下的成本可以用于增加客户回馈、新产品开发、营销人员的激励等投入,从而提高客户忠诚度与营销人员积极性。

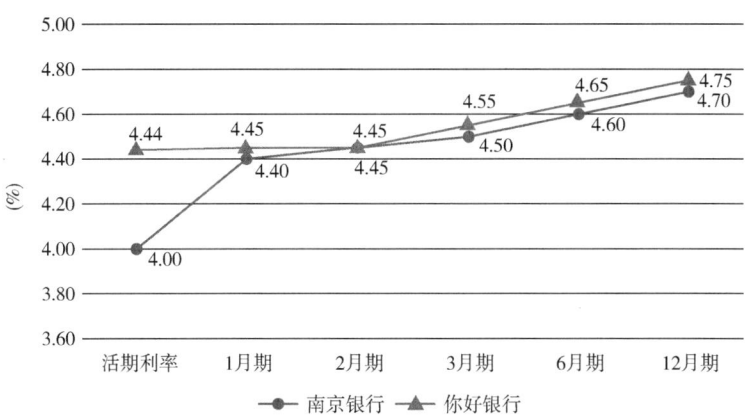

图 2-10　南京银行和其直销银行 5 万元起投理财产品不同期利率对比

数据来源:互联网普惠金融研究院项目组整理。

直销银行的出现,使众多股份制银行和中小银行不必复制四大国有商业银行全国布局的发展模式,而是可以借助虚拟网络和外部实体网络,摆脱物理网点的约束,同样做到全国布局。

中国直销银行的发展尚处起步探索阶段,产品与功能主要局限在余额理财、代销基金、存款与转账、信用卡还款等银行电子账户基础功能,与电子银行、网上银行趋同化。中小银行是推出直销银行的主体,在技术开发、平台运营能力上有所欠缺,客户端用户体验不稳定,个别直销银行甚至会频繁出现闪退现象。

(二)互联网保险公司积极开拓网络渠道,电子保单业务快速发展

有别于传统的保险代理人营销模式,互联网保险是新兴的以互联网为媒介的保险营销模式。互联网保险是指保险公司以互联网和电子商务技术为工具来支持保险销售的经营管理活动的经济行为。互联网保险可以实现保险信息咨询、保险计划数设计、投保、交费、核保、承保、保单信息查询、保全变更、续期交费、理赔和给付等保险全过程的网络化。互联网保险具有电商化、场景化、定额赔等特点，可以较大程度地实现保费的实质降低，同时倒逼传统保险企业进行变革。有了传统保险企业的加入，在未来几年内，场景化的互联网保险产品将迎来井喷式发展。

互联网保险是新生事物，和大多新生事物一样具有不稳定性，但总体是具有发展前景的。截至2016年年底，签发电子保单机构数达到104家，占保险机构总数的51.23%，其中，财产险保险公司46家，人身险保险公司58家；2016年签发电子保单3.61亿笔，其中，财产险1.98亿笔，人身险1.63亿笔；参与互联网保险机构数为117家，占保险机构总数的57.64%，其中，财产险保险公司56家，人身险保险公司61家；2016年人身险互联网渠道原保费收入1 944.95亿元，是财产险互联网渠道原保费收入（403.02亿元）的4.83倍。互联网保单增长迅速，2016年新增互联网保单61.65亿单，占新增保单总数的64.59%，保费收入22.36亿元，同比增长24.97%，其中货运险增长44.89亿单。①

1. 互联网财产险公司数量增加，保费起伏较大

互联网财产险公司的总数一直保持较高增长率，截至2016年12月底，已经有56家财产险公司开展了互联网业务。同时，互联网财产险公司的渗透率在不断上升，到2016年年末，达到最高峰69.1%。

根据中国保险行业协会发布的《2016年财险电商市场基本情况报告》数据，截至2016年年底，财险电商市场总保费1 464.67亿元，占财险总保费

---

① 数据来源：根据保监会数据整理。

的15.81%，比2015年下降1.8个百分点。如表2-5所示，2016年60家财产保险公司的互联网财产保险累计保费收入502.29亿元，同比下降34.63%，其中，车险保费收入398.94亿元，占比79.42%；非车险保费收入103.35亿元，占比20.58%。2016年互联网保费收入下降主要是因为保监会加强了互联网保险监管。

表2-5 财产险保费收入表[①]

年 份	2014	2015	2016
互联网财产险保费收入（亿元）	505.7	768.4	502.29
同比增长（%）	—	51.94	-34.63

数据来源：互联网普惠金融研究院整理。

从保险业务类型看，2016年互联网车险业务负增长，全年保费收入398.94亿元，同比下降44.29%，是总体保费下滑的主要原因；互联网非车险业务持续保持高速增长，全年保费收入103.36亿元，同比增长97.69%。

从渠道看，2016年财产险公司自营互联网渠道（PC官网+移动端）业务保费收入362.80亿元，占比72.23%，同比下降19.13%；第三方业务保费收入125.69亿元，占比25.02%，同比增长16.76%。自营渠道中，随着智能手机的普及，移动端业务保费收入84.97亿元，同比增长7.17%；PC官网保费收入277.84亿元，同比下降26.30%。

2. 互联网人身险公司数量和保费收入持续增加

涉足互联网业务的人身险公司数量在不断增加。人身险公司发展情况见表2-6，2015年达到顶峰61家，增长率则从2015年开始减缓，直至2016年不再增长，仍为61家。而互联网人身险的渗透率也持续处于较高水平，保持

[①] 根据中国保险行业协会《2016年财险电商市场基本情况报告》整理，部分数据与保监会公布数据有差异，如保监会公布2016年互联网财产险原保费收入403.02亿元。

在80%左右，这从侧面说明，买卖保险的互联网渠道越来越普及，越来越成熟并具有模式化。

表2-6 人身险公司发展情况表

年 份	2013	2014	2015	2016
参与互联网保险公司（家）	44	52	61	61
同比增长率（%）	—	18	17.3	0
人身险公司总数（家）	60	71	75	77
互联网渗透率（%）	73.3	73.2	81.3	79.2

数据来源：根据保监会数据整理。

表2-7的互联网人身险保费收入显示整体保费收入规模不断增加，2014年、2015年增幅很明显，达到了450%和315%的增长率，可见市场接受度明显提高。2016年虽增幅没有前两年显著，但同比增长依旧呈上扬趋势，市场有待进一步开发。

表2-7 互联网人身险保费收入表

年 份	2013	2014	2015	2016
互联网人身险保费收入（亿元）	64.22	353.2	1 465.60	1 944.95
同比增长（%）	—	450	315	32.7

数据来源：根据保监会数据整理。

随着时代的发展，新的场景出现，许多创新的保险产品被推出，如身份证银行卡丢失险、电瓶车畅行险、充电宝及手机爆炸险、银行卡盗刷险、"晚点乐"航班延误险、跑步无忧险、扶老人险和全年自驾车意外险、雾霾险等。这些产品虽然价格低、销量多、保费贡献小，但为保险公司增加了客户，带来了品牌效益。这些依托互联网场景创新的小而美的保险产品，得到大量的关注和投保，2016年仅退货运费险签单件数就达36.41亿件，签单保费17.92

亿元，单均 0.48 元。①

（三）其他传统金融机构受互联网影响较小

从整体看，证券、基金、信托、租赁、期货等业务受互联网影响较小，影响主要体现为建立官网，基金、信托能够在官网预约和购买产品，证券、期货则可以通过官网或手机 APP 进行交易，但消费者大多会选择综合性股票软件。

二、新型金融机构的兴起发展

经过多年与金融的融合后，数字技术的价值逐渐被监管机构认可，最典型的表现就是互联网银行和互联网保险公司获批成立。

（一）互联网银行

互联网银行的产生有典型的时代背景：一方面，互联网技术快速发展对各个行业产生颠覆性影响，金融行业也不例外。技术对金融业生产模式、生产效率的颠覆性改变，以及传统商业银行对数字技术反应迟钝，导致互联网企业希望在金融领域取得淘宝在零售行业一样的战绩。另一方面，中国金融改革持续推进，市场准入逐渐放开。2015 年，中国银行监督管理委员会（以下简称"银监会"）发布《关于促进民营银行发展的指导意见》；2016 年银监会印发《关于民营银行监管的指导意见》。

表 2-8 为互联网银行基本信息情况，从 2014 年 7 月 24 日银监会批准第一家互联网银行——微众银行开始，截至 2017 年 4 月底，银监会共批准 9 家互联网银行，其中，微众银行、网商银行在 2014 年获批，其核心特征就是分别依托于两家知名的互联网巨头公司；对民营资本和互联网企业的准入放开集中于 2016 年，共批准 7 家互联网银行，主要集中在 2016 年年底，11 月 1 家、

---

① 中国保险行业协会《2016 年财险电商市场基本情况报告》。

12月5家，另外1家成立于6月。

表2-8 互联网银行信息一览表

名称	注册日期	批复日期	注册资金(亿元)	机构类型	参股互联网公司
微众银行	2014/12/16	2014/7/24	42	民营银行	腾讯
网商银行	2015/5/28	2014/9/26	40	民营银行	阿里
新网银行	2016/12/28	2016/6/7	30	民营银行	小米
华通银行	2017/1/13	2016/11/23	24	民营银行	—
武汉众邦银行	2017/4/25	2016/12/5	20	民营银行	壹网通科技（武汉）有限公司
吉林亿联银行	2017/5/3	2016/12/16	20	民营银行	美团大众点评
江苏苏宁银行	2017/6/15	2016/12/16	40	民营银行	苏宁集团
中关村银行	2017/6/7	2016/12/19	40	民营银行	用友网络
百信银行	2017/9/5	2016/12/30	20	有限牌照商业银行	百度

数据来源：互联网普惠金融研究院项目组整理。

从成立情况看，截至2017年4月底，9家被批准银行已经注册成立的有5家，其中微众银行成立于2014年12月，网商银行成立于2015年5月，新网银行成立于2016年12月，向银监会申请批复名称为四川希望银行股份有限公司，华通银行和武汉众邦则成立于2017年，另外4家尚处于筹备期。

从金融机构类型看，有8家互联网银行的机构类型为民营银行，百信银行则为第一家直销银行，其机构类型为"有限牌照商业银行"。除了百信银行，其他8家互联网银行在经营范围上与传统商业银行相同。从现有公开信息看，除了百信银行，其余互联网银行虽然选择互联网作为渠道，但仍然可以开设网点。百信银行不允许设立网点，金融许可范围也受限，主要以理财产品销售为主。

从参股股东看，有5家以大型互联网企业作为主要大股东，除BAT 3家，美团点评、小米也参与了互联网银行的设立。互联网相关企业参股的有3家，股东主要是用友网络、苏宁集团和壹网通科技（武汉）有限公司，他们会将互联网基因带入未来的互联网银行。作为股东的互联网企业未来将通过互联网技术、互联网场景、客户信息等影响互联网银行的生产经营模式。

根据2016年12月8日银监会在北京召开首批民营银行联合发布会披露的信息，截至2016年11月末，微众银行"微粒贷"累计发放贷款超1 600亿元，总笔数超2 000万笔，最高贷款日规模超10亿元，最高日贷款笔数超10万笔；主动授信客户数超6 000万，覆盖了全国31个省、市、自治区的549个城市；2016年9月，微众银行推出"互联网+汽车金融"产品微车贷，与中国最大二手车商优信合作，选择优信二手车"付一半"产品作为首个应用场景，截至2016年11月末，贷款业务规模达到55亿元。

截至2016年11月末，网商银行服务小微企业的数量突破200万家，贷款余额为254亿元，资产总额580亿元。农村金融的明星产品旺农贷已经覆盖了全国将近2.5万个村庄，赋能小微企业的"网商有数"产品，也已成为50万家小微企业的"首席财务官（CFO）"。截至2016年11月末，旺农贷贷款余额5.23亿元，用户数达4.43万户，户均贷款额为1.18万元。旺农贷已经覆盖了全国31个省市区的347个市、2 348个县的24 700个村庄。

虽然百信银行以外的其他8家银行并无禁止设立物理网点的限制，但8家银行都宣称不开办物理服务网点，所有金融服务都通过互联网开展。

基于互联网场景获得的客户信息及基于大数据的信息平台，是互联网银行的技术内核。微众银行以大数据为核心构建了创新风控体系，通过将中国人民银行征信和公安部二代身份证等传统数据，与社交和行为等新型数据相结合，更全面评估信用风险，将大数据与生物技术相结合，更精准地识别客户身份、开展反欺诈。网商银行则基于金融云计算平台，获得了处理高并发金融交易、收集海量大数据和弹性扩容的能力，可以利用互联网和大数据的优势，给更多小微企业和个人创业者提供金融服务。主要发起方的互联网企业背景，使互联网银行具有构建场景金融的客户信息沉淀、基于大数据的分析技术和客户营销画像以及客户风险评估等核心竞争力。

如今，互联网银行只能开立"有限功能"银行账户。根据中国人民银行2015年12月25日下发的《关于改进个人银行账户服务加强账户管理的通知》，互联网渠道只能开立II类和III类账户，不能进行非同名账户汇款、不能进行大额支付。因此，互联网银行业务大大受限，不会形成传统商业银行那样的低息活期存款和定期存款沉淀，互联网银行吸引长尾客户资金只能靠高息存款或高息理财。

在中国人民银行下发的《关于规范银行业金融机构开立个人人民币电子账户的通知（征求意见稿）》中，电子账户被界定为弱实名账号，只能支持同名账户转账，不能向他人转账，也不支持刷卡消费。未来如何替代"面签"真正实现"刷脸"，需要更多的生物识别技术的支持以及监管当局的认可。

网商银行2015年年报显示，截至2015年年底，网商银行吸收存款总额344 435元，其中，公司存款1 051元，个人存款343 384元。资金来源主要是同业及其他金融机构存款，金额为260亿元。截至2015年年底，网商银行贷款余额74.13亿元，资产管理计划210亿元，虽然网商银行将主要服务对象定位为长尾客户、互联网金融客户，但互联网银行凭借长尾客户实现利润增长尚需时日。

笔者选取经营超过1年的微众银行和网商银行来说明互联网银行的经营特征。

1. 微众银行

（1）定位普惠金融。在已经注册的5家互联网银行中，只有微众银行在经营范围中明确"吸收公众存款、主要是个人及小微企业存款,主要针对个人及小微企业发放短期、中期和长期贷款"。2015年微众银行成立后,秉承互联网银行的理念,不设物理服务网点,利用数字技术简化金融服务,移动端成了微众银行的主要服务渠道。

微众银行利用母公司优势,迅速发展业务。2015年1月4日,李克强总理在深圳前海微众银行敲下电脑回车键后,卡车司机徐军获得了微众银行的3.5万元贷款,这是微众银行的第一笔贷款,也是中国第一笔合法的商业银行互联网贷款。

微众银行主要开展了以下业务:

①微众银行APP。2015年8月,微众银行推出APP,财富业务上线,为8.53亿QQ客户和8.46亿微信客户提供理财服务,截至2016年11月,微众银行APP用户规模达到160万,交易规模达7 371亿元。

②微粒贷。微众银行2015年推出消费金融业务微粒贷,将金融服务延伸至传统信贷难以覆盖的工薪阶层、自由职业者、进城务工人员以及符合国家政策导向的小微、双创企业,为其提供从500元到最高300万元的信用贷款。微粒贷借助互联网渠道实现7×24小时高效服务,操作流程在微信或手机QQ上即可完成,授信审批时间仅2.4秒,资金到账时间只需40秒;同时可以随借随还,客户最快第二天就能结清贷款,且不收取任何额外费用。申请便捷、资金到账快、周转灵活是微粒贷的主要特点。为有效控制风险,微众银行推出了"白名单"制度,借助腾讯的大数据管理与分析能力,将传统风控与互联网风控相结合,利用社交大数据,建立了五维度综合评级体系,推出"白名单"邀请名单,做到即时预测风险、实时调整风控模型、有效降低小额贷款服务中的信用风险和欺诈风险。截至2016年11月末,微粒贷累计发放贷款超过1 600亿元,总笔数超2 000万笔,最高日贷款规模超10亿元,最高

日贷款笔数超10万笔；主动授信客户数超6 000万，覆盖了全国31个省、市、自治区的549个城市；笔均贷款8 000元，覆盖了来自制造业、贸易业、物流业等行业的从业人员，有效对接了80%长尾用户的金融需求，不良率控制在0.4%以内。

③微车贷。2016年9月，微众银行推出"互联网+汽车金融"产品微车贷，与中国最大二手车商优信合作，选择优信二手车"付一半"产品作为首个应用场景，截至2016年11月末，微车贷业务规模达到55亿元。

④微业贷。微业贷是微众银行利用大数据及互联网技术，为广大中小微企业提供的线上流动资金贷款服务。客户从申请贷款至提款全部在线完成，无须抵押质押，额度立等可见，资金分钟到账，按日计息，随借随还。微业贷以金融科技为中小微企业提供高效便捷的融资服务。截至2017年6月底，微业贷处于测试阶段，仅限广东地区的受邀客户参与体验。

（2）坚持"连接者"定位，构建普惠金融服务。微众银行一直坚持"连接者"定位，通过金融能力、互联网技术、运营和风控能力，连接产品提供方，帮助合作伙伴快速获得移动互联网金融服务能力，建设移动线上入口、提升移动客户流量、留存线下客户和获取线上客户，积极共同构建普惠金融服务。截至2017年年初，微众银行签约并已成功上线运营的合作金融机构达到30家，每日新发放的"微粒贷"贷款中，80%的贷款资金由合作金融机构提供。

2. 网商银行

（1）明确普惠金融定位。网商银行2015年年报显示，网商银行在服务对象上实行三大战略：一是服务小微客户战略。利用阿里巴巴电商平台优势，引入网络数据和在线资信调查模式、辅以第三方验证确认客户信息的真实性，将客户在电子商务平台上的行为数据映射为企业和个人的信用评价，向这些通常无法在传统金融渠道获得贷款的小微客户发放金额小、期限短的纯信用小额贷款。二是服务农村市场战略。结合阿里巴巴集团"千县万村"计划，利用"村淘合伙人"模式，结合消费品下乡、农产品上行等农村生态圈信贷场景，推进特定金融服务。三是服务各类中小金融机构。依托自身的互联网风险识别能力、科技系统能力和数据分析能力，为各类中小金融机构提供风险管理和技术、信息系统、产品开发和资产托管等综合服务，使其能更好地服务用户；通过与中小金融机构的合作，进一步完善同业合作生态，促进本行的平台化发展。这三大战略直接或间接地针对普惠金融对象，长尾客户是网商银行的主要服务对象。

（2）业务发展迅速。根据年报，截至2015年年末，网商银行贷款余额74.13亿元，余额客户数50万户，户均贷款余额1.5万元人民币；资产总额302.45亿元，不良贷款率为0.18%；已与14家银行、基金公司等金融机构开展了同业授信合作，获得授信总额约550亿元，同业存款余额260亿元。

2016年12月8日，银监会在北京召开首批民营银行联合发布会，网商银行披露的信息显示，截至2016年11月末，网商银行服务小微企业的数量突破200万家，贷款余额已达254亿元，资产总额已达580亿元；农村金融的明星产品旺农贷贷款余额5.23亿元，用户数达4.43万户，户均贷款额为1.18万元。

（二）互联网保险公司

传统保险定价模式基于历史数据的静态精算模型，而互联网保险公司则更多基于大数据的动态精算模型，满足客户差异化的需求。传统的精算很难获得每一个客户的数据，只有通过大数据对行为数据进行动态的精算，才可以最低的价格甚至是客户定制化的价格服务于消费者。

2014年，国内第一家互联网保险公司众安保险成立。截至2017年年末，已经有4家互联网保险公司得到互联网保险牌照，并正式营业，分别是众安保险、泰康在线、安心保险、易安保险。此外，京东集团也在筹备互联网保险公司。

表2-9是4家互联网保险公司的近3年的原保费收入情况。与传统保险公司相比，互联网保险公司吸引客户的能力比较强，成本较低。据从业人员透露，互联网时代获得一个客户的成本在200元左右，而传统的线下模式则需要2 000元左右。移动端用户的激增，对互联网保险的快速发展起到了推动作用。从2011年到2015年，仅用了4年的时间，互联网保险用户渗透率就从1.6%增至48%，互联网保险用户达3.3亿人。截至2017年2月底，众安保险已服务5.68亿客户。从2016年12月到2017年2月仅3个月的时间，客户就增长了3 000万左右。从泰康在线自有平台数据统计来看，截至2016年11月，泰康在线累计用户已经达到1.2亿人，投保用户达6 500万。

表2-9 四家互联网保险公司近三年的原保费收入情况

年份 \ 保险公司	众安保险（万元）	泰康在线（万元）	安心保险（万元）	易安保险（万元）	4家总额（万元）
2014	79 409.65	—	—	—	79 409.65
2015	228 304.23	43.57	—	—	228 347.8
2016	302 862.19	56 751.44	6 051.39	18 219.33	383 884.35

数据来源：互联网普惠金融研究院项目组整理。

1. 数字冲击原因分析

如今数字技术对金融领域影响最大的是商业银行业务，但数字技术带来的变化并未触及商业银行的根基。相比之下，受数字技术冲击最大的金融行业是保险行业，其根本原因有3个：

一是保险产品适合互联网展示。客户购买保险产品的过程中，最看重保障条款和保障金额或返还金额两大因素，比较的重点是显性的"价格",这决定了保险产品更适合在互联网上通过保险超市进行产品的对比性销售。

二是保险产品适合互联网销售。从保险公司的销售流程看,保险产品的销售和协议的签订可以完全互联网化,传统销售渠道的优势在逐步下降,而且无论在何种平台销售,客户都很容易判断交易对手是否是保险公司,而不像商业银行销售的理财产品,几乎没有人能准确判断是不是飞单。

三是保险场景互联网化显著。与保险精算相关的医疗、交通、自然灾害、天气预报等的数据互联网化特征越来越明显,保险场景正在逐步实现线上化。在医疗领域,从网上挂号、网上买药、网上就医到线下体检、线下就医,互联网将医疗的各个方面联系在一起。汽车保险从4S店、事故处理到汽车维修,互联网也成为联系的纽带。

传统保险公司依靠大量客户经理、机构代销、线下理赔的保险模式正在被逐步互联网化,保险产品的设计模式、营销模式、理赔模式都将被颠覆,保险公司的核心竞争力也会被重新定义。

2. 保险核心业务冲击

从保险业的业务特征看,保险公司的业务活动主要包括4个方面(如图2-11所示):产品设计、产品销售、客户理赔和资产管理。除了资产管理,其他3个方面都会受到数字技术的颠覆式冲击。

①产品创新依赖互联网场景和大数据技术。保险业与商业银行的区别是,无论互联网技术如何发展,保险产品都会出自有牌

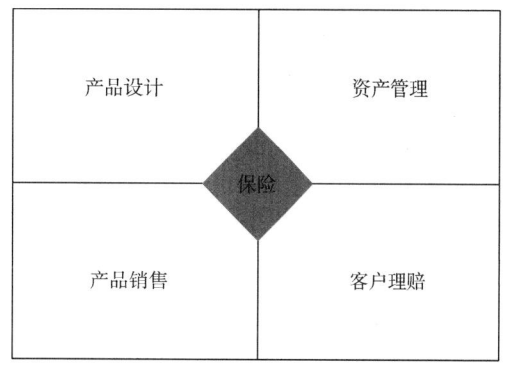

图2-11 保险业核心业务结构图

照的保险公司，不会出现像民间借贷一样的民间保险。但在数字技术的冲击下，互联网的广泛连通性和场景增加，会产生更多的数据。同时大数据技术和人工智能的发展，使得保险精算所需的数据对互联网场景，以及互联网连接的企业和个人主体的依赖大幅上升，保险产品的创新发生了质的变化。

②产品销售依赖互联网场景和大数据技术。保险产品具有易于在互联网展示和销售的特点，互联网展示、网上签订订单、自助式保险购买、不隶属于任何保险公司的社会化保险营销可能取代线下销售成为保险产品的主渠道。线下销售团队更多转向增加客户对保险产品的关注、解答客户购买产品的疑惑等工作，保险公司可能会转型为产品供应商，销售几乎全部脱离保险公司。携程、去哪儿等网站代理销售的航空险，保险公司可能只挣规模、不挣利润。基于数字技术获得的场景的大数据信息，可以使客户画像更精准，进而使产品更能满足客户需求，营销方式更有针对性。

③理赔流程或重构。互联网能够将客户、保险理赔相关公司（如医院、汽车修理厂等）和保险公司连接起来，整个理赔过程可能会在完全没有保险公司线下参与的情况下完成，客户自助提供信息、相关公司提供相关服务、互联网大数据配合解决欺诈问题，高效、快速的互联网理赔模式将会重塑保险服务。

④互联网保险能够为更多的人提供服务。互联网让每一个消费者都可以随时随地购买保险产品，而且保险超市提供了各个保险公司的产品，保险消费者具有更大的选择空间。在互联网时代，企业面对的是一个 $7 \times 24 \times 365$ 小时的全天候市场，不同的互联网场景、不同的人群、不同的风险，使曾经不具有足够客户的产品具备了商业可提供性。曾经因信息不全、设计受阻的产品得以出现，互联网让保险产品多样性成为可能。

(三) 互联网金融企业

P2P、众筹和第三方支付是典型的金融科技企业，由此产生了"互联网金融"和"金融互联网"的大讨论，但"e租宝事件"的发生引发了互联网金融整治，使得互联网金融的热度大幅降低，甚至"互联网金融"的概念也逐渐淡化，取而代之的是金融科技的概念。

2015年12月31日，中国互联网金融协会获得国务院批准；2016年3月25日，中国互联网金融协会在上海正式成立，互联网金融企业虽然没有完全获得监管部门的"认可"，但有了政府认同的"组织"。互联网金融协会首批单位会员有400多家，包括银行、证券、保险、基金、期货、信托、资产管理、消费金融、征信服务以及互联网支付、投资、理财、借贷等机构，还包括一些承担金融基础设施和金融研究教育职能的机构，基本覆盖了互联网金融的主流业态和新兴业态。至今，P2P、众筹和第三方支付仍是金融科技的重要模式。

1. P2P平台

P2P在监管部门的正式文件中一直被称为"网络借贷"。自2007年国内首家网络小贷公司拍拍贷成立以来，P2P行业经历了从无到有、从盲目扩张到洗牌重构的发展历程。2015年是P2P发展的转折年，从此前的全民热议、如火如荼到现在的急转直下，e租宝等多起恶性事件直接触发监管机构对P2P的清理整顿。

2016年3月，央行条法司、科技司组织中国互联网金融协会部分成员单位讨论《互联网金融信息披露规范（初稿）》，要求P2P平台每日至少更新21条运营信息，此条要求被称为最严信息披露制度。同年4月，中央银行联合多部委出台《互联网金融风险专项整治工作实施方案》，要求采用"穿透式"方法，根据业务实质明确监管责任，并强调P2P网络借贷是重点整治行业；

教育部办公厅和银监会联手发布《关于加强校园不良网络借贷风险防范和教育引导工作的通知》，提出要加强对校园不良网络借贷平台的监管和整治，教育和引导学生树立正确的消费观念。同年8月，《网络借贷信息中介机构业务活动管理暂行办法》正式发布，标志着一直以来备受争议的P2P行业正式被纳入监管。

2016年可谓是P2P监管年，严管之下，P2P行业正在发生变化。

（1）P2P平台增长放缓，问题平台数量较多。P2P属于民间借贷行为，虽然银监会发布《网络借贷信息中介机构业务活动管理暂行办法》，也成立了中国互联网金融协会，但全国到底有多少P2P平台仍不可知。网贷之家和零壹财经两家机构对P2P现状做出分析，见表2-10。

表2-10 2016年P2P平台运行情况

数据平台	正常经营平台（家）	新增问题平台（家）	新增平台（家）
网贷之家	2 448	1 741	756
零壹财经	1 625	1 106	432

数据来源：网贷之家，零壹财经。

网贷之家分析了4 189家P2P平台。截至2016年12月底，正常运营的平台有2 448家，比2015年底减少了985家。2016年全年正常运营的平台数量逐季减少，与2015年走势截然相反。2016年新上线平台有756家，远低于2015年的2 451家。网贷行业已经从野蛮发展迈向了规范发展的新阶段。严格整治之下，2016年新增问题平台高达1 741家。

零壹财经分析了4 856家P2P平台。截至2016年年末，正常运营的平台有1 625家，累计问题平台3 231家，其中，2016年新增问题平台1 106家，转型平台23家，2016年全年新增平台432家。

对比来看，在网贷之家的统计分析中，各种运行情况下的平台数量都高于零壹财经，但二者都显示2016年问题平台高发，网贷之家新增问题平台与正常平台之比为7.11∶10，零壹财经的数据则为6.81∶10。

（2）平台交易量持续增长。尽管面临严厉的监管，P2P平台交易量仍在增加。根据网贷之家的数据，2016年全年网贷行业成交金额达到了20 638.72亿元，比2015年增长了110%，单月成交金额突破了2 000亿元，"网贷双11"单日成交金额再次突破100亿元。2016年年底，网贷行业贷款余额8 162.24亿元，比2015年年末上升了100.99%。2016年P2P交易情况见表2-11。

零壹财经的统计则显示，截至2016年年末，P2P网贷行业累计交易额保守估计为3.36万亿元，其中2016年交易额为19 544亿元，同比增长100.4%。2016年年底，P2P行业贷款余额8 303亿元，同比增长95.2%。

表2-11 2016年P2P交易情况表

数据平台	余额（万亿元）	交易量（万亿元）	累计成交（万亿元）
网贷之家	0.82	2.06	—
零壹财经	0.83	1.95	3.36

数据来源：网贷之家，零壹财经。

从交易量和余额等数据看，网贷之家和零壹财经的统计大致相同，贷款余额超过8 000亿元，成交量2万亿元左右，增长速度在100%以上。虽然2016年经历了严格的互联网金融整治，问题平台大幅增加，但业务量却逆势上扬，P2P行业正逐步走向规范经营。

（3）P2P平台利率水平持续下降，借贷成本渐趋合理。根据网贷之家的数据，2016年网贷行业总体综合收益率为10.45%，比2015年下降284个基点（1个基点＝0.01%）。图2-12为P2P各年综合收益率趋势。零壹财经的统计也显示，2014年至2016年，P2P借贷平均利率分别为14.96%、10.83%和

9.93%，呈现逐年下降的趋势。

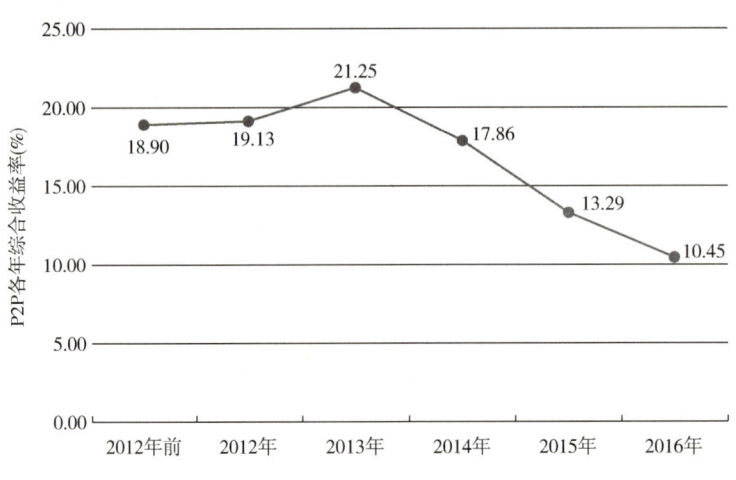

图 2-12　P2P 各年综合收益率趋势

数据来源：网贷之家。

（4）P2P 投资者和借款者数量持续高速增长。从统计上看，网贷之家和零壹财经的 P2P 投资者和借款者人数差距较大，但增长趋势相似。

根据网贷之家的数据，2016 年网贷行业投资人数与借款人数分别为 1 375 万人和 876 万人，较 2015 年分别增加 134.64% 和 207.37%。在零壹财经的统计中，2016 年，网贷行业活跃投资人和借款人数量仅为 572 万人和 204.7 万人，同比增加 104% 和 113.1%。投资者和参与者人数高速增长，说明其对 P2P 的认可，P2P 服务长尾客户的价值持续显现。

（5）监管逐步正规，P2P 未来尚不清晰。目前对 P2P 最有约束力的文件是 2015 年 7 月 18 日发布的《关于促进互联网金融健康发展的指导意见》和 2016 年 8 月下发的《网络借贷信息中介机构业务活动管理暂行办法》。在这两个文件中，P2P 一直被界定为信息中介，而不是信用中介，后者还划出 13 条红线，监管者希望 P2P 平台不做资金池、不做担保，但这一愿望在实践中存在很大难度，主要原因有以下几点：

①投资者很难确定借款者风险。借贷信息完全由平台提供，投资者只能片面了解借款者信息，不能确切了解借款者是谁、借款用途及还款来源等信息。

②贷后管理完全由平台负责。在金融系统有"三分贷、七分管"的说法，网络借贷的贷后管理完全由平台负责，对于能否及时进行借款处置，投资者没有决定权，甚至没有知情权。

③投资者确定平台是否尽责的成本高。网贷平台管理采用备案制，也就是说监管机构对平台的经营资质、经营能力并没有过多的审查，平台能否对借款者进行尽职调查，也许只有等平台成为问题平台或跑路时才能发现，对P2P平台的投资者教育还远远不够。

P2P平台作为信息平台，要成为传统金融机构的有益补充尚需时日。从数字金融的发展趋势看，新型数字金融企业的核心优势是场景大数据积累和大数据分析能力。未来网络借贷的出路可能是具有互联网场景的大型企业与金融行业的"联姻"，纯借贷行为的P2P或许只是过渡性的金融模式。

从《网络借贷信息中介机构业务活动管理暂行办法》的执行情况来看，最有效的措施是银行存管，虽然这会增加网络借贷的成本，但能在一定程度上降低风险。据零壹财经数据，截至2016年年末，已有227家P2P平台与银行签订银行存管合同，其中，142家存管系统已正式启用。已上线的直接存管或银行直连系统的平台共有117家，对接华兴银行、江西银行、恒丰银行和徽商银行的平台最多，分别有26家、20家、16家和10家。

2. 众筹

相比于P2P，众筹平台的发展要晚一些。2011年，第一家众筹平台"点名时间"诞生，2014年、2015年众筹平台数量开始呈爆发式增长，根据网贷之家的数据，分别新增平台142家和125家。众筹一般分为4种类型：股权众筹、产品众筹（也称奖励众筹）、债权众筹和公益众筹。从金融属性来看，股权众筹和债权众筹可以通过互联网众筹的创新来帮助处于种子阶段或天使阶段的企业获得融资，但现实情况是产品众筹发展更为迅速。

（1）众筹平台数量稳步增长，正在实现艰难跨越。经过五六年的发展，互联网众筹平台正处于两极分化、去伪存真的阶段，正常运营的平台高速增长的同时，问题平台也快速暴露。

如图2-13所示的网贷之家数据，截至2016年12月底，全国正常运营众筹平台共有427家，比2015年年底增长50.88%，是2014年的3倍。在各类正常运营的众筹平台中，奖励众筹平台最多，达到222家；其次是非公开股权融资平台，有117家；混合众筹平台（含两种众筹类型及以上）70家；公益众筹平台仅有18家。

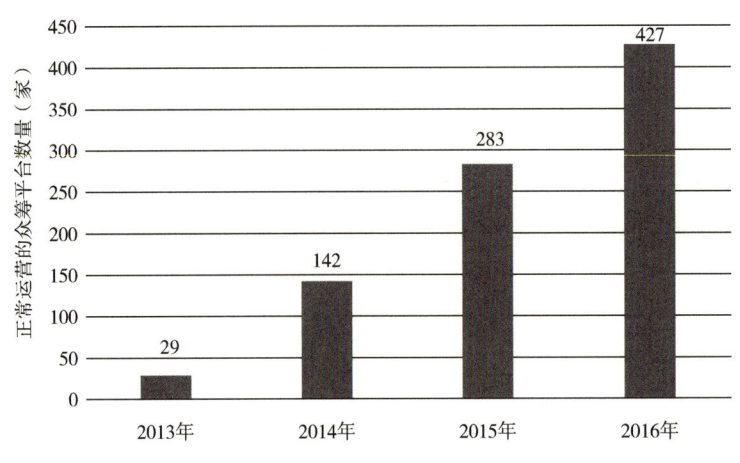

图2-13 2013—2016年正常运营的众筹平台数量

数据来源：网贷之家。

继2014年和2015年的野蛮生长之后，众筹平台暴露出很多问题。如表2-12所示，2016年问题平台高达293家，占平台总数的40.69%，而2015年问题平台仅有66家。

表 2-12　2016 年众筹平台发展情况

数据平台	正常平台（家）	问题平台（家）	成交额（亿元）
网贷之家	427	293	224.78
零壹财经	337	271	220

数据来源：网贷之家，零壹财经。

根据零壹财经的数据，截至 2016 年年末，国内已上线 608 家众筹平台，其中，问题平台和已转型平台 271 家；正常运营平台仅剩下 337 家，其中汽车众筹平台 119 家。股权众筹和产品众筹（含混合型）平台分别为 156 家和 75 家；由于政策限制等，房产众筹仅有 5 家，公益众筹平台则有 9 家。

（2）筹资金额持续增长。平台数量快速增长的同时，众筹平台筹资金额高速增长，2016 年较 2015 年增长 1 倍左右。

如图 2-14 所示的网贷之家的数据，2016 年全国众筹行业共筹资 224.78 亿元，是 2015 年的 1.97 倍、2014 年的 10.42 倍。截至 2016 年 12 月底，全国众筹行业累计筹资金额达 363.95 亿元。

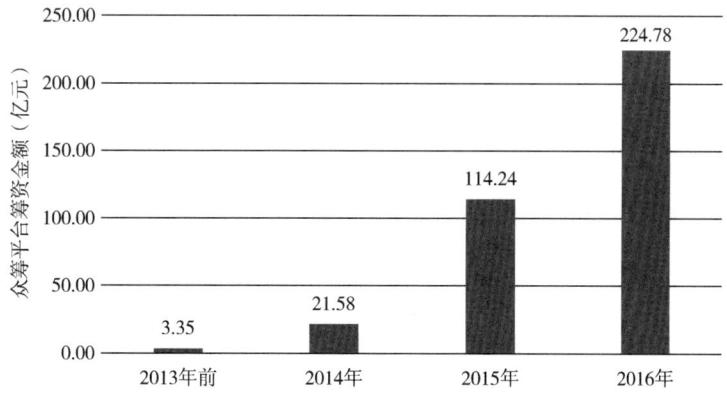

图 2-14　众筹平台筹资金额

数据来源：网贷之家。

根据零壹财经的数据，2016年，我国互联网众筹整体筹资规模在220亿元左右，同比增长超过90%。其中，产品众筹规模稳步增长，达到56亿元，同比增长107%；股权众筹65.5亿元，同比增长23.12%。行业集中度略有降低，2016年规模最大的15家平台筹资32亿元，占比为48.9%，较2015年有所降低。汽车众筹在2016年下半年迎来"大爆发"，全年筹资93.9亿元，已成为互联网众筹新的增长极。

（3）股权众筹相关法律待完善。众筹作为互联网金融的三大板块之一，其核心价值是在股权融资、债权融资领域有所突破，但从实际发展看，以产品预售为核心的平台是主流，2016年股权众筹融资65.6亿元，占比仅为29.77%。

股权众筹发展不尽如人意的原因可能是相关法律亟待完善。相较于P2P，股权众筹的法律关系更为复杂，还存在法律关系尚未理顺、监管制度缺失以及筹资者道德风险防范意识低等诸多问题。要形成完善的小额股权投资模式，尚有大量的探索空间。

3. 第三方支付

第三方支付自诞生之日起，就以"火箭"的速度高速发展，第三方支付也是"老三样"中唯一正式获得金融监管部门牌照的互联网金融模式。相对借贷和众筹的业务模式，支付业务更具简单性、清晰性，更重要的是，第三方支付有效地将支付结算服务无缝融入电商场景中，"剁手族"在没有任何感知的情况下能够完成大量商品的支付购买动作，是第三方支付成功的核心。同时，第三方支付与手机和二维码的创新性结合，又将第三方支付推向了普惠金融的前沿，将金融服务推向了无网点、全覆盖的新高度，现金使用量持续大幅下降。

为满足企业和个人用户需求的多样化，第三方支付企业的业务类型在横向和纵向两方面寻求拓展。横向方面，除了不断覆盖各种消费场景、刺激传统商业，还积极布局传统金融理财行业，例如，支付宝推出余额宝、招财宝等基金类、保险类理财产品，财付通推出理财平台理财通；纵向方面，逐渐由线上走向线下，利用线下扫描二维码方式加速移动支付业务发展，并布局供应链融资等金融增值服务。第三方支付在实现无死角支付、无时空限制支付等方面发挥了巨大作用。

第三方支付曾发放多达270家非银行支付机构牌照，经过2016年金融整治，一些机构主动申请注销、不予续展和续展合并等，数量缩减为255家，其中预付卡发行与受理160家，互联网支付和移动电话支付分别是109家和47家。

从中国支付清算协会的数据可以看出，非银行支付机构业务发展迅速。截至2016年，互联网业务第三方支付交易笔数达663.3亿笔，移动支付970.55亿笔，无论是互联网支付还是移动支付，第三方支付机构的交易量都高于商业银行的交易量。互联网支付的交易笔数中非银行支付机构是商业银行的1.4倍，移动支付的交易笔数中非银行支付机构是商业银行的6.16倍。而从金额上看，商业银行仍明显占优势，这充分证明了非银行支付机构的优势主要体现在长尾客户和小额业务，第三方支付机构的服务类型更趋小额化，实现了金融交易的进一步下沉，为普惠金融发展做出了突出贡献。

2016年，互联网支付中第三方支付和商业银行业务笔数分别增长98.60%和26.96%，第三方支付是商业银行的3.66倍；交易金额分别增长124.27%和3.31%，第三方支付是商业银行的37.54倍。移动支付中第三方支付和商业银行业务笔数分别增长143.47%和85.82%，第三方支付是商业银行的1.67倍；交易金额分别增长132.29%和45.59%，第三方支付是商业银行的2.9倍。第三方支付优势明显，这也充分说明第三方支付在普惠金融方面的互联网基因优势。

（1）整治后第三方牌照数量下降。第三方支付牌照发放最多时，曾达到270家。2016年金融整治后，缩减至255家，其中，预付卡发行与受理160家，互联网支付109家，移动电话支付47家，如图2-15所示。

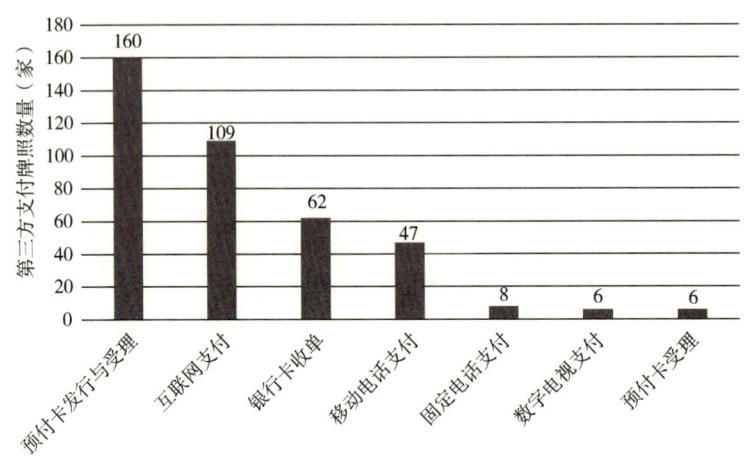

图2-15　2016年第三方支付牌照类型数量

数据来源：中国支付清算协会。

（2）第三方支付业务笔数增长迅速，超过商业银行。2016年非现金支付业务共办理1 251.11亿笔，金额3 687.24万亿元。由于口径调整，2015年后银行非现金支付笔数和金额快速增长，如图2-16所示。

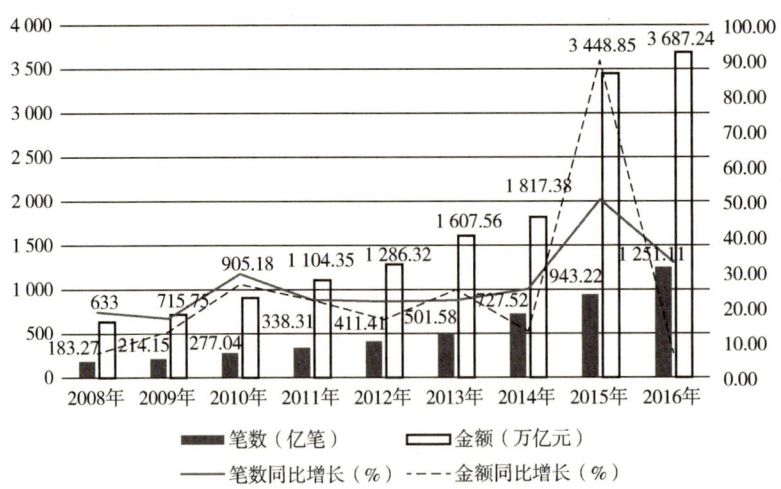

图2-16　2008—2016年银行非现金支付业务统计

数据来源：中国支付清算协会。

从中国支付清算协会的数据可以看出，非银行支付机构业务发展迅速，2016年无论是互联网支付还是移动支付，第三方支付机构的交易笔数都高于商业银行，但金额低于商业银行，说明非银行支付机构的优势集中在长尾客户和小额业务，为普惠金融发展做出了突出贡献。表2-13为2015年互联网支付和移动支付业务数据。

表2-13 2015年互联网支付和移动支付业务数据

年 份			2015		2016	
			数额	增长率（%）	数额	增长率(%)
互联网业务	商业银行	交易笔数（亿笔）	363.71	27.29	461.78	26.96
		交易金额（万亿元）	2 018.2	46.67	2 084.95	3.31
	支付机构	交易笔数（亿笔）	333.99	55.13	663.3	98.60
		交易金额（万亿元）	24.19	41.88	54.25	124.27
移动支付业务	商业银行	交易笔数（亿笔）	138.37	205.86	257.1	85.82
		交易金额（万亿元）	108.22	379.06	157.55	45.59
	支付机构	交易笔数（亿笔）	398.61	160.00	970.51	143.47
		交易金额（万亿元）	21.96	166.50	51.01	132.29

数据来源：中国支付清算协会。

（3）第三方支付机构在收单市场占据优势。根据中国支付清算协会的统计，2016年第三方支付收单451.85亿笔，金额达到48.06万亿元，占比分别达到62.83%和63.29%。如图2-17所示。

（4）第三方支付的优势。第三方支付最早从互联网的联通走向场景融合，是互联网金融的成功典范。相比银行业网络支付，第三方支付具有以下优势。

一是第三方支付无处不在。如今，小卖部、水果摊、流动摊贩等大部分商家都可以扫码支付。第三方支付通过互联网在空中搭建起一个便捷的支付平台。

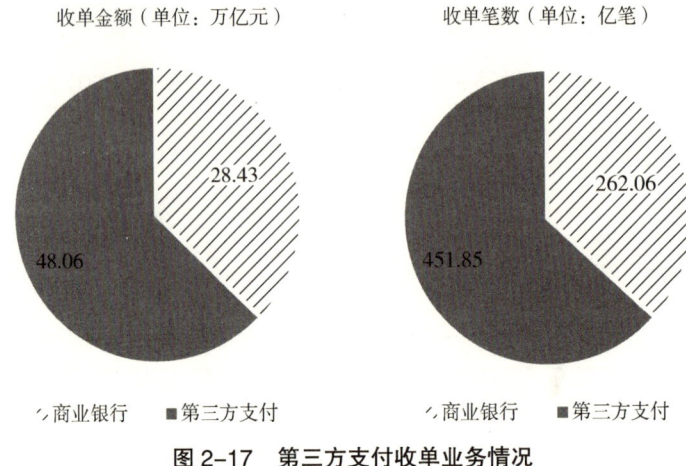

图 2-17　第三方支付收单业务情况

数据来源：中国支付清算协会。

二是第三方支付改善了用户体验。第三方支付减少了各方对实体网点的需求，大大降低了金融服务的成本，提高了金融服务效率。第三方支付过程中，不受开户行限制，可以快速、便捷地完成交易，提升了用户体验。

三、金融服务平台

在金融科技向金融行业渗透的过程中，金融监管相对宽松，一些大型企业以互联网金融为切入点进入金融领域，建立金融服务平台成为金融科技的一个重要形态。

2016年1月18日，王健林在香港亚洲金融论坛上首次对外正式发布万达网络金融O2O战略，包含大数据应用、征信服务、网络信贷、移动支付和飞凡卡5个板块。在万达集团2016年业绩中，金融板块的收入达到213.5亿元，占总收入的12.13%。

2017年2月9日，雷军在2017亚布力中国企业家论坛上表示，2017年小米要聚焦黑科技、新零售、国际化、人工智能和互联网金融五大核心战略。

小米参股的新网银行已经获得银监会批准并注册成立。

互联网金融第二场的主力队员将是大型企业，其互联网金融发展具有以下特征：

（1）以企业集团优势业务为基础。进军互联网金融的大型企业集团具有很强的资金实力和独特的业务优势，例如，房地产企业有房地产、物业销售和服务渠道，汽车企业有汽车销售和维修渠道，互联网电商企业有电商服务平台，互联网企业有网络渠道等。大型企业线上、线下优势结合，为其开展互联网金融服务奠定了基础。

（2）数字技术优势。进军互联网金融的大型企业或靠自身积累，或凭借资金优势，建立了互联网、大数据、人工智能、生物识别等技术优势，可以充分理解数字技术的发展趋势，能跨界思考和探索金融生态系统的变革。

（3）构建新生态金融的优势。传统模式下，金融业有严格的准入限制。在互联网金融浪潮中，大型企业携行业优势、技术优势、场景优势构建新的金融生态。阿里、腾讯、万达的金融帝国即为例证。

笔者从中国200强企业、大型互联网企业、大型房地产企业、汽车公司等维度来分析大型企业进军互联网金融的情况。

（一）中国销售200强企业金融服务平台情况

在第一轮P2P、众筹等小型金融服务平台向金融领域渗透探索后，各种类型的大型企业在总结第一轮互联网金融经验的基础上，开始在金融体系外部，利用互联网时代的数字技术纷纷建立自己的金融服务公司及平台，构建属于自己的互联网金融布局。

笔者对2016年中国销售200强企业进行分析，剔除拥有金融经营牌照的企业之后发现，建立金融服务平台的大型企业有35家，其中大部分都建立了互联网金融服务平台。以小米为例,新网银行已经获得银监会批准并注册成立,小米既是新网银行的股东，也是未来互联网银行中互联网基因的来源。

根据 2017 年 8 月 27 日中国企业联合会、中国企业家协会公布的 2016 年中国 500 强企业名单，笔者选择了前 200 名企业进行分析，其中传统金融机构 23 家，主业为非金融业务的企业中，有 7 家注册地在北京的企业直接或间接建立互联网金融业务平台，包括互联网银行、第三方支付、线上汽车消费金融、金融理财、P2P 贷款、个人征信等，如表 2-14 所示。

表 2-14 中国企业 200 强参与互联网金融平台企业清单

企业排名	企业名称	营业收入（万元）	互联网金融平台
10	中国移动通信集团公司	67 092 753	和聚宝
29	中国电信集团公司	38 834 967	翼支付
38	联想控股股份有限公司	30 982 614	正奇金融
46	中国联合网络通信集团有限公司	27 833 943	沃百富
88	北京京东世纪贸易有限公司	18 128 696	京东金融
96	中国保利集团公司	16 763 849	保利金服
104	国美电器有限公司	15 368 559	国美元融

数据来源：互联网普惠金融研究院整理。

200 强企业进军互联网金融具有以下特征。

1. 资金雄厚

200 强企业拥有雄厚的资金，一直在寻找新的跨界增长点，这与互联网金融发展早期几百万元甚至几十万元就能注册成立互联网金融公司形成鲜明对比。经过第一轮互联网金融企业野蛮成长之后，互联网金融的功能、技术架构、业务架构基本清晰，雄厚的资本对互联网金融的深度研发、风险保障都是至关重要的。

2. 业务优势叠加互联网基因

进军互联网金融的大型企业，无论是互联网企业还是传统企业都具有渠道优势或业务优势，在"互联网＋金融"的过程中，积累了一定的线上、线下场景，成为其进军互联网金融的"触发"动力。

3. 围绕数字技术构建互联网金融服务平台

大型企业进军互联网金融领域，不是中国金融市场化改革进程中的既定内容，而是数字技术外部冲击带来的变革。大型企业都是围绕数字技术打造适合自身的金融战略框架。例如，万达集团包含线下产业、大数据信息、征信服务、网络借贷、移动支付和飞凡卡服务等服务功能。

（二）互联网公司建立互联网金融服务平台情况

互联网金融的典型特征是技术改变金融。各互联网巨头凭借技术优势，瞄准消费金融市场。互联网领头羊之一的阿里，其旗下的互联网金融企业蚂蚁金服，2016年新增客户约1亿人，客户总数已超过5亿人，是世界上最大银行的10倍，估值600亿美元。到2015年年底，成立不过一年多的蚂蚁金服已拿下保险、证券、银行、基金等金融牌照，成为全牌照互联网金融公司。电商平台京东凭借多年积累的交易数据，推出京东白条，带来的收入增长效应达30%~40%，不仅全面打通了线上消费场景，也覆盖租房、旅游、教育、装修等线下场景。

在2016年中国互联网协会、工业和信息化部信息中心综合评定的100强互联网公司中，设立金融事业部或建立自己的金服公司的有36家。前20强都开展了金融相关业务，其中有17家金融服务平台、3家金融科技企业。

从参与方式上，100强互联网企业中有36家参与金融业务，其中，19家公司成立了独立的金融公司、15家公司设立了事业部、2家参股。宜人贷、人人贷、陆金所和拍拍贷4家P2P平台杀入互联网百强。

从业务种类看，有32家公司参与理财业务、24家参与贷款业务；8家有支付牌照、2家有征信牌照（正在申请）；5家参股或控股互联网银行、7

家参股或控股互联网保险。互联网企业参与互联网金融业务情况如图2-18所示。

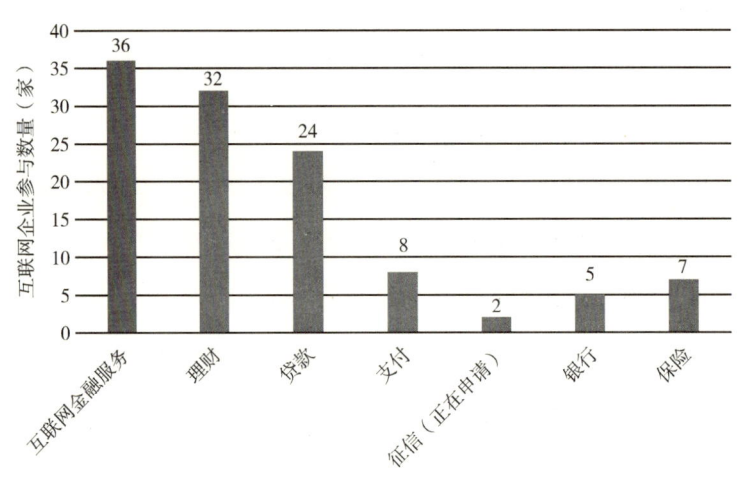

图2-18 互联网企业参与互联网金融业务情况

数据来源：互联网普惠金融研究院整理。

互联网企业涉足互联网金融领域有其独特的优势。

1. 渠道导入

经过多年积累，互联网企业已经形成了巨大的渠道优势，依据庞大的客户资源寻找各种行业的销售入口，理财业务、基于场景的贷款和支付是其进军互联网金融的天然优势。"余额宝"出现后，各种"宝宝类"产品和类似的理财产品风靡市场。

2. 场景优势

互联网是巨大的信息汇集点，"互联网+"在改变各个行业生产模式、经营模式的同时，也将各个行业线上化，"线上+线下"场景积累了大量的数据，使其能够更清晰地透视业务过程，让金融服务融入业务中，使得金融服务的风险识别成本更低、流程更短、服务效率更高。例如，淘宝、京东的支付业务，链家、同城等房产交易中的融资服务，都实现了井喷式发展。

3. 技术优势

互联网企业在网络、大数据、人工智能、生物识别、区块链等技术上具有天然的优势，不仅是既有技术的优势，还具有更强的技术敏感性和创新优势。

4. 构建综合性服务平台

互联网公司在进军互联网金融的过程中，逐步打造综合性服务平台。第一，利用渠道优势进入理财、贷款、支付等金融服务；第二，利用渠道优势和场景优势形成大数据沉淀；第三，利用大数据技术构建独具特色的征信平台，降低客户风险识别的成本；第四，逐步扩大金融服务领域，利用大数据技术对客户行为进行分析，实现精准营销和智能投顾；第五，形成一个综合性金融服务平台。

以阿里巴巴为例，经过多年的积累，马云在2012年提出数据、平台、金融三大战略，逐步构建了阿里巴巴金融生态圈。最初以电商平台为核心，形成淘宝、天猫、全球速卖通等电商平台，支付宝对电商平台的快速发展功不可没。支付宝与天弘基金的合作创造了"余额宝"，开始涉足理财业务；蚂蚁金服成立，阿里小贷、蚂蚁花呗开始为客户提供融资服务；芝麻信用利用大数据，开始探索有别于传统金融机构的征信模式，将互联网贷款业务推向新的运行轨道；网商银行获得商业银行业务牌照，涉足管制最严的商业银行领域；众安保险根据购物、出游、外卖等不同场景，提供有针对性的保险服务。

（三）房地产企业建立互联网金融服务平台情况

房地产企业进入金融领域具有资金优势，房地产相关的互联网金融产品包括众筹建房、开发贷、首付贷、按揭贷、税费贷、装修贷和车位贷等。

房地产企业进入互联网金融行业有两种路径：较早进入的万达，通过收购第三方支付企业快钱来布局；更多的房地产企业通过自建平台进入金融行业。

房地产企业的互联网金融实践可以分为5种模式：①P2P+购房者+开发商；②众筹平台+开发商+投资人；③众筹平台+开发商+购房者；④购房者+开发商，即众筹建房；⑤P2P+商业地产开发商+投资人。

笔者选择2016年房地产销售金额前100强企业作为分析样本，其中，拥有自己的互联网金融平台的有18家，涉及理财业务的有15家，涉及贷款业务的有7家，3家有支付牌照，5家参股保险公司，14家发行理财产品等（见图2-19）。

房地产行业是中国改革开放以来利润最高的行业之一，凭借其雄厚的资金优势，以参股传统金融机构为主要模式，进军金融领域。

随着房地产行业逐渐饱和，二手房、物业管理等成为房地产行业的重要利润增长点。房地产企业在产业链中处于关键位置，凭借庞大的销售网点和物业网点，拥有强大的线下优势。基于线上、线下的结合，开拓一手房、二手房、房屋装修等消费金融场景，成为其互联网金融的尝试方向。

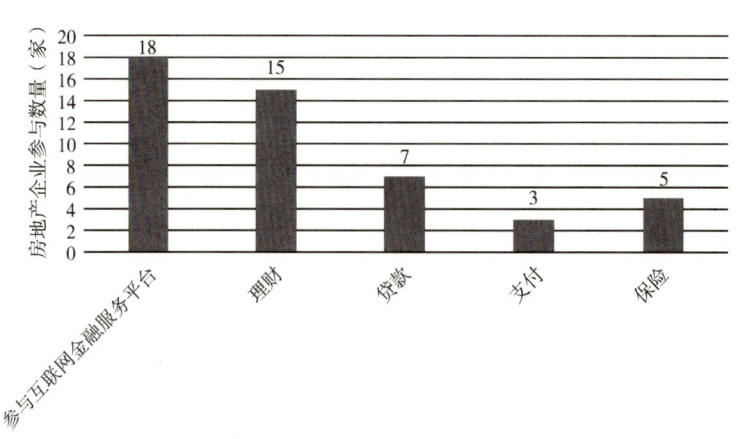

图2-19 房地产企业参与互联网金融业务情况

数据来源：互联网普惠金融研究院整理。

在这一过程中，也出现了交易规模大、贷款利率高、客户资金挪用、放大房贷杠杆等问题。2016年链家等房地产中介的过桥贷款、众筹等业务成为金融领域的整治对象。

（四）汽车企业建立互联网金融服务平台情况

中国汽车市场经历了黄金10年后，处于销量微增状态。中国汽车工业协会发布的数据显示，2016年汽车销量突破2 800万辆，当时预计2017年增长5%，达到2 940万辆左右。汽车金融服务作为汽车产业链最有价值的一环，成为各汽车企业在行业向精细化和集约化的变革期争相占据的利润制高点。2016年中国汽车金融渗透率仅在35%左右，上升空间较大。预计到2020年，中国汽车金融渗透率有望提升至50%，市场规模将突破2万亿元。

汽车金融主要包括汽车融资租赁、经营性租赁、二手车金融和汽车互联网金融4类，其中，汽车互联网金融的商业模式包括P2P网贷、消费金融、众筹和互联网保险4种。

表2-15为汽车企业参与金融业务情况。汽车工业2015年的营业收入20强中，有13家公司成立了汽车金融公司，占比高达65%。第一家获得银监会批准的汽车金融公司是上汽通用汽车金融，成立于2004年。经过13年的发展，截至2016年年末，银监会共批准汽车消费金融公司25家。有些公司不仅成立了自己的汽车金融服务公司，还参股其他汽车金融公司，典型代表是东风汽车公司和华晨汽车集团控股有限公司。

汽车金融公司的注册资本大都在5亿元之上，资金雄厚。13家中有6家可以在线申请贷款，业务流程基本是选定车型、提交申请、贷款审批、签订合同、上牌抵押、客户提车。

表 2-15 汽车企业参与金融业务情况

序号	企业名称	金服公司	注册资本（万元）	成立时间	2015年营业收入（万元）	在线申请贷款	备注
1	上海汽车集团股份有限公司	通用金融	350 000	2004.08.11	120 252 468	√	
2	中国第一汽车集团公司	一汽金融	200 000	2012.01.06	51 587 283	√	融资
3	东风汽车公司	东风日产汽车金融	152 941.2	2007.10.26	48 779 134	√	
		东正汽车金融	160 000	2015.03.11			
4	北京汽车集团有限公司	北京现代汽车金融	400 000	2012.06.26	34 522 067		
5	中国长安汽车集团股份有限公司	长安汽车金融	250 000	2012.08.13	29 781 968		
6	广州汽车工业集团有限公司	广汽汇理汽车金融	160 000	2010.05.25	19 539 800		
7	华晨汽车集团控股有限公司	华晨东亚汽车金融	80 000	2015.04.07	16 054 589		
		宝马汽车金融	980 000	2010.09.30			
8	长城汽车股份有限公司	长城滨银汽车金融	55 000	2014.05.30	7 603 314	√	
9	中国重型汽车集团有限公司	豪沃汽车金融	50 000	2015.09.18	6 166 359		
10	安徽江淮汽车集团有限公司	瑞福德汽车金融	100 000	2013.01.25	5 840 265		
11	比亚迪股份有限公司	比亚迪汽车金融	150 000	2015.02.06	4 386 394	√	
12	浙江吉利控股集团有限公司	吉致汽车金融	90 000	2015.08.12	3 644 648		
13	奇瑞汽车股份有限公司	奇瑞徽银汽车金融	100 000	2009.01.13	2 714 622	√	7990

数据来源：互联网普惠金融研究院整理数据，天眼查，汽车工业协会。

汽车消费金融已经成为商业银行、P2P 平台、互联网众筹的重要业务领域，多项预测显示我国汽车消费金融的规模应该在万亿元以上。

汽车行业对金融的敏感度不高，主要还是沿用传统的线下汽车消费金融模式，即使分析样本中可以在线申请贷款的 6 家汽车金融公司，在线上完成申请后，也仍然需要线下提交材料，操作流程较为复杂。

总体而言，汽车行业在互联网金融产业中的布局并不积极，上下游整合不足，以汽车企业为核心的互联网供应链金融、互联网保险等互联网金融模式尚未出现。

四、渠道支持平台

（一）财富管理平台

财富管理平台是指金融机构利用线上综合性平台，通过互联网提供种类齐全的代销产品或自有金融产品，尤其是高端产品，帮助中高净值客户实现定制化专业投资管理服务的金融模式。

2003年诺亚财富率先开启面向高净值人群的财富管理平台模式，随后7年间，展恒理财、好买财富、格上财富、金诚财富、中天嘉华等独立财富管理机构先后成立，财富管理平台数量波动式上升。

从2011年开始，财富管理平台开始步入快速发展期，平台数量从2011年的11家增加到2012年的16家、2013年的20家。2014年是财富管理平台发展的全盛时期，目前存在的36家财富管理平台中，有12家财富管理平台成立于2014年，包括丰圣财富、米多财富、奥克巴尔财富桥、麦客财富、佑基财富、长汇财富、汇中财富、私银家、银谷财富、慢钱、中投在线、网金社等。2015年，平台累计数量达到36家。财富管理平台迅速占领高端理财投资市场，为高净值客户提供稀缺产品匹配，缓解投资信息不对称。

1. 财富管理平台门槛

投资者基于自己对风险与收益的权衡来选择金融产品。一般而言，产品起投门槛越低，风险相对越小，受众群体将会覆盖更多。

商业银行的私人银行业务最低开户门槛在600万元，部分银行有800万元甚至 1 000 万元的底线，涵盖业务包括新股申购信托计划、资产管理计划、外币结构性理财产品，以及市场上较少见的金融股权投资计划、贵宾个人综合融资额度产品等，但是对于中等净值人群而言，这些准入门槛较为苛刻，缺乏一定普惠性。

大量涌现的财富管理平台正以低门槛来抢占当前中高端理财市场的份额。财富管理平台的认购门槛从 1 万起步，5 万、10 万、50 万、100 万均能满足中高收入群体的理财需求。表 2-16 为部分商业银行私人银行业务和财富管理平台理财起投门槛。

表 2-16　部分商业银行私人银行业务和财富管理平台理财起投门槛

商业银行名称	起投门槛（万元）	财富管理平台名称	起投门槛（万元）
平安银行	600	华设财富	1
交通银行	600	多米财富	5
中国银行	800	中投在线	10
工商银行	800	优选财富	50
招商银行	1 000	慢钱	100

数据来源：互联网普惠金融研究院项目组整理。

截至 2017 年 3 月 1 日，已公布的 19 家财富管理平台数据（另有 17 家未公布）显示，财富管理平台覆盖客户数量已经超过 200 万人。其中，钱景、汇中财富、达飞财富、金诚财富、诺亚财富、私银家、优选财富管理平台注册并有购买行为的人数均超过 10 万人。

财富管理平台凭借更低的起投金额门槛，吸引了大量客户，平均客户数量为 4.49 万人，超过排名前 10 位的私人银行客户数（4.14 万人）。但从财富管理平台已公布的数据推算，财富管理平台管理的人均资产与私人银行差距较大。截至 2017 年 3 月 1 日，表 2-17 的 10 家典型商业银行的私人银行管理的人均资产约 1 393 万元，财富管理平台管理的人均资产仅为 283 万元。

表2-17 10家典型商业银行的私人银行与财富管理平台客户数及管理人均资产

银行	客户数量（万人）	管理人均资产（万元）	财富管理平台	客户数量（万人）	管理人均资产（万元）
招商银行	5.3	2 686	大唐财富	2.7	837
民生银行	1.6	1 931	恒天财富	6.0	800
浦发银行	1.7	1 882	藏元汇	0.2	667
工商银行	7.6	1 614	诺亚财富	13.0	274
中信银行	2.0	1 523	华社财富	0.5	235
兴业银行	2.0	1 447	金斧子	2.0	100
建设银行	6.1	1 298	财富桥	5.0	80
农业银行	8.0	1 172	优财富	1.0	50
平安银行	3.7	1 028	私银家	11.0	30
光大银行	3.4	736	佑基财富	3.7	27
平均	4.14	1 393	平均	4.49	283

数据来源：互联网普惠金融研究院项目组整理。

2. 财富平台注册模式

财富管理平台在提供类似私人银行服务的同时，对广大的中高净值群体的资产要求更低，这对有资金配置需求但又达不到私人银行门槛的中高净值的客户有很强的吸引力。

财富管理平台的注册模式分为邀请注册制和免费注册制两种。邀请注册制最典型的代表是藏元汇，该平台邀请年营业收入超过5 000万元或个人资产超过1 000万元的企业老总免费入会，在线审核申请人是否达到入会标准。截至2017年3月，该平台个人资产逾千万元的高净值会员共有1 500人，所涉资产总额达百亿元。

实行免费注册制的平台，客户登记联系电话、身份证、真实姓名即可注册成为会员，通过绑定银行卡或金融领域证书验证个人身份是否符合财富管理平台入会标准。相比于邀请注册制，免费注册制更方便实用，覆盖人群更多。

3. 私人银行平台规模

随着中国经济的发展，中国高净值群体也在不断壮大。泰康保险和胡润研究院联合发布的《2016中国高净值人群医养白皮书》显示，2016年中国大陆的千万高净值（包括自住房产）人群达到134万人。兴业银行与波士顿咨询公司（BCG）联合发布的《中国私人银行2016年度报告》则预计，到2020年年底，中国个人财富将保持12%的年均复合增长率，达到200万亿元，高净值家庭的数量将增长到388万户，年均增长13%，中国将成为世界最大的高净值客户群市场之一。

高净值客户群的膨胀，带来了线上与线下私人银行业务的快速发展。尽管受宏观环境影响，银行整体收入增速放缓，但私人银行业务持续发力。

2015年国内私人银行业务规模最大的5家是招商银行、工商银行、农业银行、建设银行和浦发银行。招商银行管理资产总额超过了14 000亿元，位居第一，超过2014年6月（6 621亿元）的两倍；工商银行管理资产12 300亿元，比2014年6月管理资产规模翻一番；农业银行管理资产9 344亿元，年均增长率为36%；建设银行管理资产超过7 500亿元；浦发银行私人银行管理资产规模则从2014年的2 000亿元增加到2015年的3 200亿元。

财富管理研究机构Scorpio Partnership 2016年发布的《全球私人银行基准报告》显示，全球最大的25家私人银行排行榜中，招商银行和工商银行上榜，其中招商银行进入前20位。私人银行已经成为银行收入增长的重要引擎。图2-20为国内规模最大的5家商业银行的私人银行业务管理资产规模。

与商业银行私人银行业务相对应的是线上财富管理平台的私人银行业务。截至2017年3月1日，已公布数据的24家财富管理平台（另有12家未公布）已经配置了累计超过17 000亿元资产，为超过200万户中高收入人群提供家族财富管理、资产配置、海外投资、高端保险等全方位的综合金融服务。

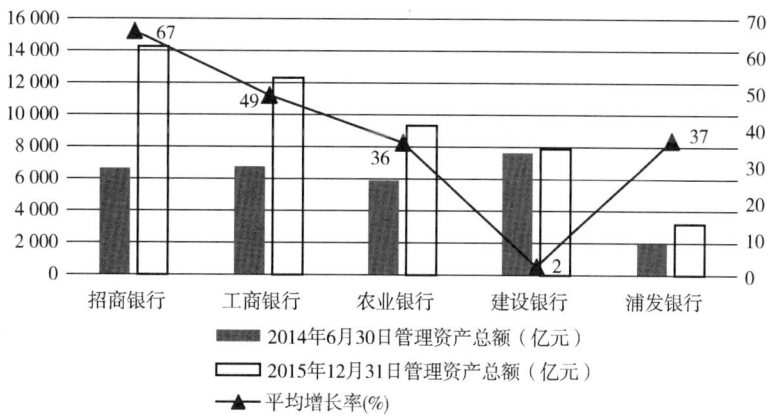

图 2-20 国内规模最大的 5 家商业银行的私人银行业务管理资产规模

数据来源：五大银行 2015 年年报、2014 年中报。

图 2-21 为部分财富管理平台配置资产情况。截至 2017 年 3 月 1 日，恒天财富配置资产 4 800 亿元，位居第一，紧跟其后的是诺亚财富，为 3 559 亿元，大唐财富 2 261 亿元。已有 20 家财富管理公司通过互联网线上渠道配置超过 100 亿元以上的资产，表明在数字金融加快布局的趋势下，财富管理平台为中高净值群体提供更加方便快捷的私人银行服务。

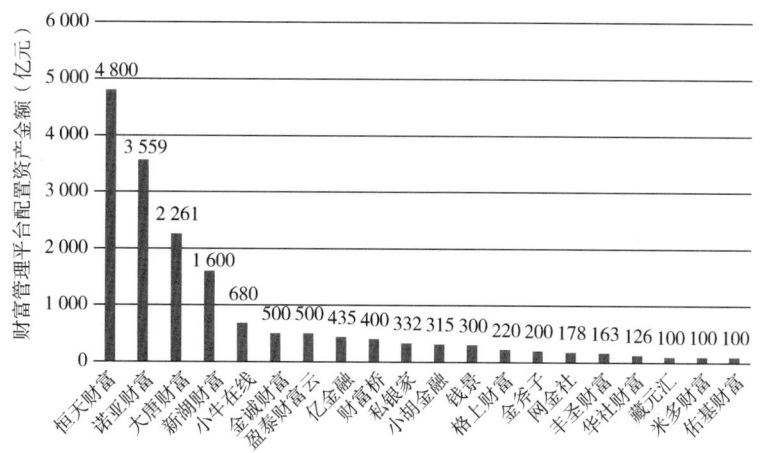

图 2-21 部分财富管理平台配置资产情况

数据来源：互联网普惠金融研究院项目组整理。

4.财富管理平台产品服务

现有的 36 家财富管理平台均持有金融牌照,其中,13 家持有私募基金管理人和公募基金销售双牌照,其余 23 家仅持有私募基金管理人牌照。监管部门可以在经营过程中对这些财富管理平台涉及互联网性质的行为予以监管,保证平台提供的自有产品交易合法,保障销售产品的真实性与完整性。例如,展恒理财持有私募基金管理人牌照和公募基金销售牌照,其为客户提供包含私募证券与私募股权产品,并且开展发售公募基金份额业务。

对非代销产品,财富管理平台只提供广告服务。佑基财富网站的信托项目涵盖了中江信托、联储信托、国元信托、百瑞信托、财通资产、上海国际信托有限公司等发行方,保证产品来源透明化。佑基财富为各大信托公司提供广告服务,提供发行机构的信息背景链接,而不是产品通道链接,点击链接,跳转页面是公司工商信息而非购买支付渠道,这种模式被称作典型的产品广告平台。

财富管理平台涵盖了较为全面的产品线,可以帮助高净值人群制定专业的理财方案。以诺亚财富为例,下设财富管理、资产管理、全球开放产品平台以及互联网金融。截至 2017 年 7 月,诺亚正行与数家基金公司合作发售了 1217 个专项资管计划系列。此外,诺亚家族财富管理中心、歌斐资产、诺亚香港、诺亚荣耀、诺亚租赁、财富派和诺亚方舟,都是诺亚财富的衍生平台,涵盖资管、信托、保险、租赁等多类通道。这些通道业务的开展不仅帮助诺亚财富精选优质投资渠道,保障投资者的合法权益,提升平台品质效应,也有助于证券、基金、保险、资管等金融机构为客户提供多元化的投资渠道及资产组合配置方案,搜寻更优质的合格投资人。

5.财富管理平台的典型特征

(1)降低渠道成本。对金融机构来讲,财富管理平台为其提供了产品通道,降低各大发行机构渠道销售成本。基金、券商、资管、信托等机构过去的销售渠道是客户经理推荐以及金融机构代销。客户经理数量少，金融机构征收代销费，大大增加了金融产品销售成本，财富管理平台的出现使这一状况得到明显改观。

（2）减少用户搜索成本。对中高净值人群来说，理财的需求日渐高涨，通过财富管理平台可以减少他们的搜索成本与时间成本，线上用户在理财顾问的专业服务下，通过强大的产品线选择最适合个人实际情况的产品组合，既能节省时间、提高效率，也能让每位客户获得平等对待。

（3）管家式服务。资产管理平台的线上理财顾问服务是其特色服务，凭借平台本身的可靠性和产品的多样性，帮助客户选择更多的分散风险的资产组合，为中高净值客户提供管家式服务。截至2017年3月1日，盈泰财富云拥有认证理财师最多，达到189 199人，紧随其后的是小虎金融，有120 000人，奥克巴尔财富桥有100 000人，金斧子有90000人，亿金融有42 365人，诺亚财富方舟有1 945人。图2-22为部分财富管理平台理财师数量。

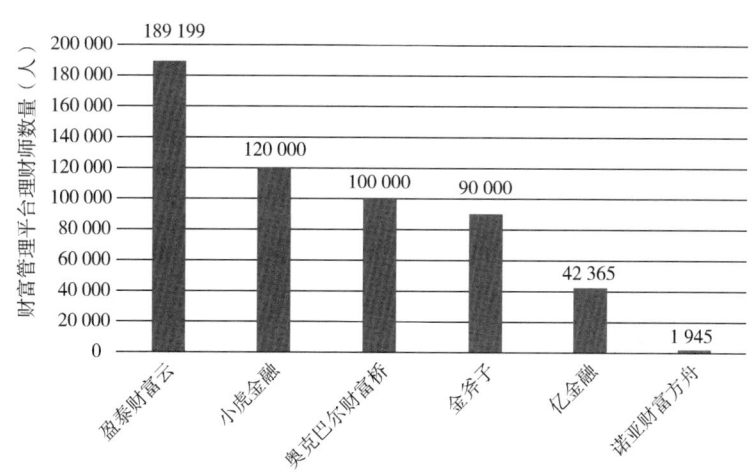

图2-22　2017年部分财富管理平台理财师数量

数据来源：互联网普惠金融研究院项目组整理。

（4）透明度不高。财富管理平台降低客户搜索成本的同时，也存在一些问题。例如，非注册用户无法查看产品类别、期限、最高收益、投资门槛、投资标的之外的信息（私募产品除外），不利于潜在客户的积累；产品发售过程中，即使是已注册的客户也不能了解购买产品的全步骤；一些平台更多采用时效间隔12小时、24小时甚至更长时间的理财顾问电话回访模式，缺乏在线咨询人员，平台沟通效率较低，影响客户线上金融产品信息的获取与把握，造成潜在客户的流失。

（5）平台管理能力参差不齐。财富管理平台涉及产品种类多，差别较大，往往更容易夸大收益，缩小甚至隐瞒投资风险，能否准确到位地提示风险并罗列投资者预期损益对平台健康发展至关重要。不少平台虽然持有私募基金管理人牌照，但管理能力良莠不齐，强化监管与自律应该成为平台关注的主要问题。此外，财富管理平台的线上理财顾问需要根据客户的收入水平、风险偏好和承受能力等指标，为其量身定做资产配置规划。这不仅要求顾问需要具有专业的理财知识，还要有大量实践操作经验，在平台快速扩张阶段，找到足够数量的能达到这一要求的理财顾问也面临挑战。

未来财富管理平台仍有很大的发展空间，发展方向是建立在理财师与高净值投资者之间架起桥梁的综合财富管理平台。随着数字金融的发展，2017年财富管理平台将为超过250万中高收入群体提供服务，较乐观的预计是到2020年服务人数将突破600万，占中高收入群体的近一半，累计资产配置规模将达到11 805亿元。

（二）股票投资平台

股票投资平台以软件终端为载体，以互联网、移动端为平台，以为投资者提供股票交易为核心，并提供融资和理财服务的平台。

股票投资平台主要有以下特点：

（1）依靠互联网和移动端平台，大幅拓展股票投资服务渠道。自互联网和移动端炒股平台兴起后，股票投资摆脱了物理网点的限制，证券交易所人群鼎沸的状况不再出现，投资者可以随时通过互联网、手机关注股市变化，大大增加了证券二级市场的参与人数。

（2）股票投资平台的融资融券服务，扩大了股票投资的融资渠道和投资收益渠道。

（3）增加投资渠道。股票投资平台将服务拓展到基金和其他理财产品，增加了投资者的投资渠道。

股票投资平台的目标人群是对炒股感兴趣且有一定经济基础的群体。如图2-23所示，2017年2月，从"股票软件"的百度指数来看，东部地区占比较高，尤其是北京市、广东省，这与地区的发展水平有关，经济发达的地方，人们有更多的闲置资金用于投资。

搜索股票软件的人主要集中在30~39岁，男性远高于女性，占比超过75%，有一定经济基础的中年男士更青睐股票交易平台投资。

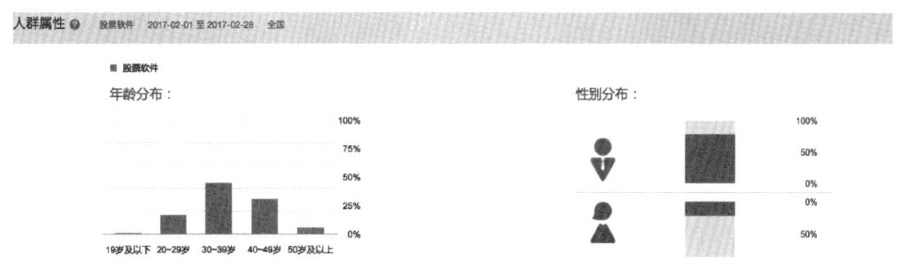

图2-23　股票投资平台目标人群分布

数据来源：百度指数。

市面上的股票交易平台可以分为模拟炒股、沉淀优质内容、主打社交概念等几大类。根据易观千帆的月度应用TOP榜的排名，月度活跃人数较多的股票投资平台主要集中在投资理财和证券服务应用，据2017年2月排名前1 000的应用程序（APP）中，有24个是与股票投资相关的，其中券商自己搭建的证券平台有17个。在综合类平台中，同花顺是各大炒股软件中下载排行榜第一位，远远超过了其他软件，2017年2月月活量为3 248.46万人，截至2017年3月，手机安卓端下载量为3.84亿。券商自己开发的交易软件中，华泰证券的涨乐财富通平台表现卓越，在2017年2月月活量为737.54万，截至2017年3月31日，手机安卓下载量为4 433万，但体量和数量很难在短期内追赶上同花顺这样的互联网公司，从长期来说也是不可能完成的任务。

（三）金融超市

金融超市是依托计算机网络技术，在保证营运安全的前提下，与多家金融机构合作，为个人和企业提供低门槛综合性理财的线上平台。

与前面几类数字金融平台不同，金融超市没有自己的产品，主要作为销售通道来销售其他金融机构的产品，不承担任何风险，只收取渠道代销费用。金融超市销售的产品种类丰富，既包括有牌照的金融机构产品，也包括P2P、众筹等没有金融牌照机构的产品，而且面向广大普通金融消费者，门槛低，有的可以一元起购。

1. 金融超市概述

金融超市充分体现了便捷的属性，以增进民生福祉为目的，让所有阶层和群体能够以平等的机会、合理的价格享受到符合自身需求特点的金融服务。

根据国家统计局对中国16万城乡居民家庭的抽样调查，2016年城乡居民人均可支配收入23 821元，排除物价因素，比2010年累计实际增长62.6%。可支配的资金增加，为理财市场的发展提供了肥沃的土壤。

中国第一家金融超市成立于2007年，由传统线下银行整合其所经营的产品和服务，与同业机构开展业务合作，向客户提供多种金融产品与增值服务。

本书讨论的金融超市更偏向服务于草根投资者的线上互联网金融平台，单纯作为通道向个人和企业销售理财产品，不包含提供高端私人定制理财产品的管家级财富平台。

根据笔者搜集的信息，2007年第一家理财超市出现，当年有2家金融超市成立，2011年是第一个爆发年份，新成立4家金融超市，包括钱先生、泛华金控、融360、利得基金，此后2015年再次呈现爆发式增长，新成立7家金融超市，分别是考拉理财、亿金融、易资产、泓利资产、民信金超、豆包网和乾道金融。

现有金融超市产品种类丰富，以综合性超市为主，共有17家，占比42%；其次是保险超市9家，占比22%；信用卡超市最少，只有1家，占比约3%（见图2-24）。

金融超市的发展扩大了理财用户人群的范围，截至2017年4月，已公布数据的13家金融超市共有8 916万的注册用户，营业额达到15 319亿元。

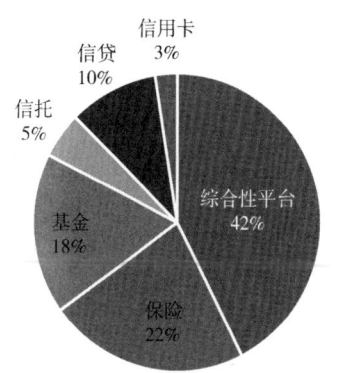

图2-24　金融超市平台分类占比

数据来源：互联网普惠金融研究院项目组整理。

2. 金融超市发展现状

金融超市的盈利模式主要有3种：一是信息导航服务带来的收入，占据金融超市营业收入的绝大部分；二是销售金融产品，按照约定比例收取佣金；三是页面广告费用。

互联网金融超市还处于起步初期，平台数量相对较少，吸引了一些互联网非金融公司来抢占市场。这些互联网巨头具有品牌、用户基础、大数据积累和互联网技术等优势，更容易获取用户流量。

截至2016年，百度金融已在支付、消费信贷、企业贷款、理财、资产管理、征信、银行、保险、资产交易中心等多个板块布局，以百度钱包、百度有钱花、百度理财、百金交等产品和平台为触角，形成覆盖金融服务各个领域的业务矩阵。百度金融超市与工商银行、光大银行、中国平安等10家传统金融机构合作，在线上平台发布4 736款产品，涵盖贷款、基金、信用卡、保险、股票等多类产品。以基金销售为主的网易理财，截至2017年6月底，拥有2 853款产品，累计交易额373亿元。

  一些初创的金融超市则受到资本的青睐，例如，惠泽网于2015年2月获得赛富基金数千万人民币的A轮融资，2016年3月，获得万融时代资本、创东方、考拉产业基金（拉卡拉）2亿元人民币的B轮融资，成为获得最多投资的金融超市。2016年8月，国内保险电商平台慧译网宣布B轮融资"扩融"，获达晨创投近亿元追投。易资产获得1亿元战略投资，2015年10月，亿金融获创东方领投、妈妈资本跟投的3 680万元人民币A轮融资，2015年12月，理财平台考拉理财宣布获由伯藜创投领投，多位互联网、金融个人投资者跟投的2 000万元人民币A轮融资。

  3.金融超市特点

金融超市有如下特点：

（1）金融超市没有自己的金融产品。金融超市主要是作为销售通道，销售其他金融机构的产品，既包括有牌照金融机构产品，也包括P2P、众筹等没有金融牌照机构的产品。

（2）金融超市产品丰富。金融超市既可以是包含银行、证券、保险、信托、基金等所有产品类型的金融超市，也可能是专门针对银行理财、基金、保险、信托等一类或几类金融产品的金融超市。

（3）金融超市只是销售渠道，不承担任何风险。金融超市不是金融产品的发售方，因此金融超市只收取渠道代销费用，不承担未来损失风险。

（4）金融超市门槛低。金融超市面对广大的长尾客户，提供大量投资门槛较低的金融产品。

五、典型金融科技平台

典型的金融科技平台，大多从第三方电子支付切入，依托于成熟的模式和场景，迅速积累用户和资金，打开技术与金融融合的大门。例如，拥有支付宝的蚂蚁金服、拥有微信支付的腾讯公司，以及在电商平台切入京东支付的京东集团。更多的金融科技平台是从金融的各个层面，结合各类数字技术，达到升级金融服务或扩大金融服务范围的效果。这里主要分析注册地不在北京的典型大型金融科技平台。

（一）蚂蚁金服

蚂蚁金服是阿里旗下的小微金融集团，虽然注册地不在北京，但其影响力和业务遍及全国。蚂蚁金服于2014年10月成立，是阿里系互联网金融的聚集地，也是布局金融科技（FinTech）的典型代表。

蚂蚁金服以支付宝为核心，通过余额宝、招财宝、蚂蚁聚宝、网商银行、蚂蚁花呗、蚂蚁借呗、芝麻信用、蚂蚁金融云、蚂蚁达客、恒生电子、众安保险、网金社等创新产品不断延伸其产品触角。截至2015年年底，诞生才一年多的蚂蚁金服已拿下保险、证券、银行、基金等所有核心金融牌照，迅速成为全牌照互联网金融的领军者，其发展速度令人惊叹。全牌照使得阿里形成完善共融的金融生态，为其布局金融科技提供了得天独厚的条件。

除了全面的业务范围，2016年4月26日，蚂蚁金服宣布已完成B轮融资，融资规模为45亿美元，创造了全球互联网单笔融资最高纪录，此轮融资中蚂蚁金服的估值已达到600亿美元。本轮融资新增战略投资者包括中投海外、中国人寿公司、中邮集团、国开金融以及春花资本等。而融资团队分别是中金、高盛和摩根大通。除资本运作之外，技术创新是阿里金融布局的另一大驱动力。阿里不断拓展技术能力，凭借云计算能力、大数据能力以及移动端的能力，使金融产品和服务更加有效和低成本，同时更好地控制风险。

蚂蚁金服拥有全球最多用户的移动支付产品——支付宝，其技术优势在于突破了规模和成本方面的瓶颈，实现了对大量小额支付、小额贷款的低成本、规模化处理。据媒体报道，2016年支付宝通过云计算创新地将每笔支付成本降低到2分钱，资损率在0.001%以下，远低于贝宝（Paypal）的0.3%。在风险控制方面，蚂蚁金服已经投入智能风控大脑，代号CTU，其基础也是阿里积累的海量数据。此外，蚂蚁金服通过大量使用人工智能机器人完成客服，既整合了人的经验，也可以通过大数据对用户进行精准的分析。

此外，通过大数据、云计算、机器学习等科技手段，阿里发掘了农村金融等更多的长尾市场。例如，阿里旗下的网商银行针对农村金融市场推出"旺农贷"产品，已覆盖24个省、139个县、2 425个村庄，专为农民及农业创业者提供融资服务。

蚂蚁金服具有一个金融科技企业需要拥有的几乎所有优势，包括以下几项：

（1）拥有强大的互联网基因。阿里作为世界上最优秀、最成功的互联网企业之一，不缺少互联网、大数据、云计算等互联网基因。

（2）拥有场景、渠道和客户。阿里电商的强大场景，使其拥有庞大的个人客户、企业客户和电商场景。

（3）拥有第一个支付牌照。支付宝是互联网金融成功的典范，扫码支付让普惠金融推向中国的每一个角落，并一直致力于世界布局。

（4）余额宝成功冲击理财市场。余额宝用最高6%的活期收益率震撼了商业银行，并引领了"宝宝"时代的到来。

（5）芝麻信用开启征信新模式。依靠阿里系的强大客户信息和大数据优势，芝麻信用颠覆了传统依靠信贷信息的征信模式。

（6）网商银行和众安保险打造"互联网+"新模式。

银行牌照和保险牌照让蚂蚁金服可以进行更大范围的金融创新探索。蚂蚁金服在一个近乎完美的环境中进行广泛的金融科技探索，也为未来金融科技的发展提供了更大的想象空间。

（二）腾讯金融

腾讯金融早期在互联网金融上的布局主要以投资和入股为主。2013年12月，腾讯领投第三方基金和财富管理服务公司——好买基金网；2014年1月，腾讯投资基于互联网的P2P信用借贷服务平台——人人贷；2015年6月，腾讯与阿里、平安一起发起创立首家互联网保险公司——众安保险；2015年8月，腾讯B轮领投提供美股和港股交易服务的互联网券商——富途证券，而此前腾讯就曾参与富途证券的A轮融资。多次投资使得腾讯拥有了基金、券商、保险、P2P等金融领域的背景，为金融科技布局打下了良好的基础。

此外，腾讯在民营银行方面布局较早。银行是腾讯金融版图的重要组成部分。腾讯旗下的深圳前海微众银行是国内首家民营银行，于2014年12月获准开业，主要有消费金融、财富管理和平台金融三大业务线。相比于传统银行，微众银行既无营业网点，也无营业柜台，无须财产担保，通过大数据信用评级发放贷款。

微众银行2015年推出消费金融业务"微粒贷"，将金融服务延伸至传统信贷难以覆盖的工薪阶层、自由职业者、进城务工人员等大众客户，以及符合国家政策导向的微小、双创企业，提供从500元到最高300万元的信用贷款。互联网渠道实现高效服务，7×24小时的整个操作流程在微信或手机QQ上即可完成，随借随还，授信审批时间仅2.4秒，资金到账时间只需40秒，可随借随还，客户最快第二天就能结清贷款，且不收取任何其他额外手续费用。"申请便捷，资金到账快，周转灵活"成为微粒贷的主要特点，改善了传统银行贷款难、贷款周期长、服务范围窄的历史痛点。为有效控制风险，微众银行推出了"白名单"制度，借助腾讯独特的大数据管理与分析能力，结合传统风控与互联网风控，利用社交大数据，建立了五维度综合评级体系，推出"白名单"邀请名单，做到即时预测风险、实时调整风控模型、有效降低小额贷款服务中的信用风险和欺诈风险。截至 2016 年 11 月末，微众银行微粒贷累计发放贷款超 1 600 亿元，总笔数超 2 000 万笔，最高日贷款规模超 10 亿元，最高日贷款笔数超 10 万笔；主动授信客户数超 6 000 万，覆盖了全国 31 个省、市、自治区的 549 个城市；笔均贷款 8 000 元，覆盖了来自制造业、贸易业、物流业等行业的从业人员，有效对接 80% 长尾用户的金融需求，不良率控制在 0.4% 以内。

支付方面，腾讯旗下的微信支付发展势头良好。根据艾瑞咨询提供的数据，2015 年腾讯在中国移动支付市场的份额比 2014 年增长了近一倍，从 11% 增至 20%，已经挤占了支付领域大佬支付宝的一定份额。借助其社交平台微信的巨大影响力，腾讯旗下的理财产品理财通不断更新完善，拥有庞大的用户量。

2015 年下半年，腾讯将原有的支付、理财、征信等业务整合，组建独立的"支付基础平台与金融应用线（FIT）"，下设支付、理财、金融合作及大数据分析等 7 个部门和 1 个应用中心，从基础支付体系、贷前征信、贷后风控、理财产品研发与销售、政策研究到大数据分析应用应有尽有，腾讯在互联网金融布局已然涵盖了全流程。在腾讯内部，FIT 被称为"升线"，凸显出腾讯布局金融科技的战略意图。

（三）网易金融

网易在第一代互联网企业中处于领军地位，良好的互联网基因和丰富的渠道资源让网易在金融科技领域信心满满。网易金融是一家运用大数据、机器学习、云计算、认知智能等前沿技术，致力于风控、资产管理两大核心金融领域创新的金融科技公司，是网易集团拓展其金融疆域的核心平台。网易金融致力于解决三大问题：中低收入人群、小微企业融资难、融资贵、融资慢；传统金融机构数字化、智能化转型乏力；"三农"领域金融供给短缺。

截至2017年2月底，网易市值400亿美元左右，旗下互联网金融业务将成为未来集团公司盈利增长的渠道来源之一，也是完善多元生态，对数据、用户和渠道进行交叉、高效利用的一个重要通道。

网易北斗是新赋能模式的智能风控开放平台，是网易金融布局金融科技的关键一环。北斗平台以科技智能驱动，用大数据、人工智能、机器学习等科技手段来助力金融机构的数字化转型，推动金融服务在中小微企业、城镇中低收入人群及三农从业者中的实现。北斗正在向消费金融、农村金融、供应链金融等领域全面发力。

北斗系统的优势在于四大用"新"和七大"赋能"，四大用"新"分别是新模式、新技术、新数据和新合力，最为核心的优势是网易独有的数据，网易金融的大数据风控处理能力和独特的商业模式定位，可以帮助中小企业实现融资难、融资贵和融资慢的行业性突破。网易这款大数据风控产品可以实现七大"赋能"，包括开放共赢、大数据、尖端模型、智能服务、魔镜营销、全流程风控、智力赋能。网易北斗也和国内一线大行、城商行、农商行展开合作，通过对外输出风控建模和技术能力赋能金融机构。

（四）万达金融

万达集团的主业是房地产，在中国经济下行、房地产市场趋于饱和等背景下，万达集团面临转型问题，其中金融就是其战略布局之一。如图2-25所示，

2016年1月18日,王健林在香港亚洲金融论坛上首次对外发布万达网络金融O2O战略,包含大数据应用、征信服务、网络信贷、移动支付和飞凡卡等5个板块,从实际运营情况看,2016年金融板块的收入已达213.5亿元,占总收入(1 760.5亿元)的12.13%。

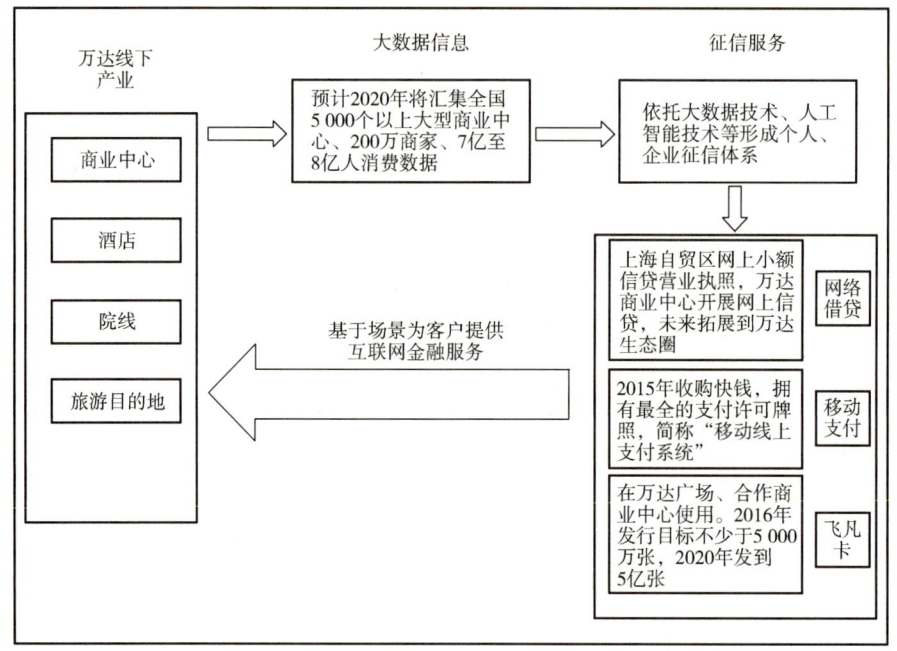

图2-25 万达的金融帝国

万达集团依靠线下资源,打造客户大数据中心。万达拥有商业中心、酒店、院线、旅游等各类线下场景中的海量数据,预计2020年将汇集全国5 000个以上大型商业中心、200万商家、7亿至8亿人的消费数据。

万达集团突破征信门槛,实现金融融入。拥有海量消费数据和消费人群,成为万达从事商家征信和个人消费者征信的基础。万达商业中心服务半径大约5千米,消费者都是重复消费,消费信息也能准确收集,商家的现金流和利润也可以获取,万达要做的是精准的信用评估,打造线上线下融合的征信服务体系。

网络信贷融入场景金融。上海自贸区已经为万达核发网上小额信贷营业执照,在万达商业中心可开展网上信贷,将来还可以逐步扩大到万达整个商业生态系统。

移动支付构筑结算服务体系。支付是金融系统的高速公路,2014年,万达收购快钱,完成网络支付布局。快钱拥有中国最全的支付许可牌照,实现线上线下等各类场景的支付。万达的支付系统全称叫"移动线上支付系统",2015年投了20多亿元在成都建立大型的后台数据处理中心。

飞凡卡连接客户的介质。飞凡卡是万达在全球的一个创新,按照万达的设计,通过飞凡卡,可以在万达广场或者合作商业中心使用所有应用服务,持卡人可以享受商家统一的折扣优惠。为了增加飞凡卡的数量和活跃度,飞凡卡和全国城市公交系统合作,目标是覆盖全国的公交系统,用飞凡卡乘地铁、坐公交就可以享受优惠。

第三节 金融科技未来发展趋势

金融科技的实质是数字技术在金融领域的应用,最后实现金融和科技的融合,因此,金融科技的本质还是金融,无论未来是以中工农建交为代表的传统金融机构最后胜出,还是以支付宝、网商银行、微众银行为代表的金融科技企业最后胜出,最终都会落地为金融机构。

"01改变世界"是对这个时代的颠覆,数字技术会改变金融领域的生态环境,影响金融服务的各个方面。未来数字技术将影响金融生产模式和生态环境的架构,如图2-26所示。

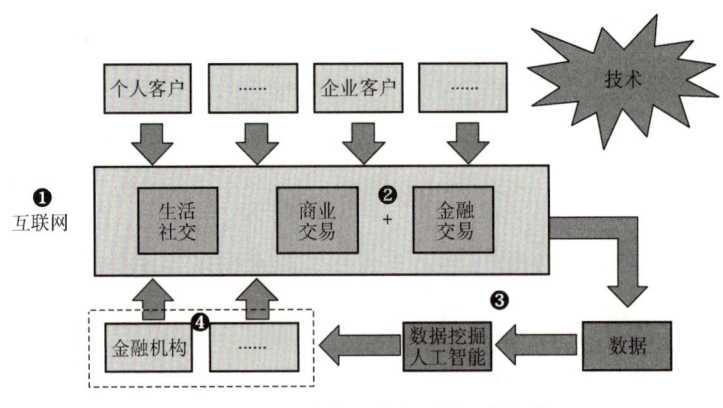

图 2-26 数据技术改变金融的逻辑架构图

一、互联网将成为未来金融服务的主渠道

互联网是这个时代的特征，构成了一个 7×24×365 小时的社会场景。在这个"虚拟"的环境中，用户可以在任意时间、任意地域进行信息聚合和交流，使用户参与性和互动性更强，各种端对端（P2P）的交流都是以"光速"进行，每个用户都能感知到这是一个没有时空约束的环境。

场景是指在特定时间、空间内发生的行动，或者因人物关系构成的具体画面，是通过人物行动来表现剧情的一个个特定过程。移动互联网的革新加速了人们传递、获取、认知、交互与确认的碎片化程度，也增加了受众/用户与产品服务提供方的场景化触点。互联网中的浏览阅读场景、电玩游戏场景、视频娱乐场景、社交场景、电商交易场景等虽然是虚拟的，但却能够反映参与者的社会背景、个人喜好、消费行为等各种属性。金融作为社会重要的经济活动，找到更加直接的参与角色、参与时间和参与方式是未来金融的发展方向。

互联网成为金融服务的主要交付通道。从网上银行、手机银行、扫码支付、股票交易平台、互联网金融超市、财富管理平台等发展实践看，对于个人客户和小微企业等长尾客户对象来说，互联网能够完全替代物理网点，未来如果客户安全支付能够得到保障，如增加更多的生物识别技术和安全措施，无处不在的无线网络将提供彻底的全覆盖金融服务。

二、场景金融将成为未来金融服务的主要模式

未来金融不再是一个单纯的静态概念，更多的场景化金融将融入我们的生活，成为主流。在各种新技术的驱动之下，手机、笔记本、PC作为媒介将金融融入我们的生活场景，通过数据中心提供的精准信息为我们提供快捷、精准的金融服务。

（一）场景支付已经获得巨大成功并将继续扩大

第三方支付是一次场景金融的成功实践。进入21世纪，中国电子商务开始发展。随着互联网电子商务平台逐步兴起，电子商务交易的重要一环"支付"面临空白，随之第三方支付出现。通过与各家商业银行接口对接，第三方支付将消费者和销售商间复杂的清算简化为电子商务平台上简单的一次"点击"，支付金融活动完全融入了支付场景。

电子支付广泛应用于互联网各种场景下的资金支付业务，如淘宝、京东等商品销售平台，携程、途牛等酒店旅游平台等。电商交易几乎100%的支付业务都通过第三方支付来实现（只有几家商业银行的电商平台使用商业银行支付通道），随着扫码支付的发展，第三方支付已经成功走向线下小额支付，支付宝支付和微信支付依靠其广泛的客户基础，提供的支付服务遍布城乡。

（二）场景融资是未来金融服务的重要发展方向

1. 个人场景融资业务将会迎来蓬勃发展

在互联网场景下，消费者的上网行为、社交行为、购买行为都会形成客户信息的沉淀（关于大数据分析将在下一部分展开），并可以及时输入客户征信系统。基于场景的融资活动，不需要客户输入任何信息，后台征信系统就可以根据掌握的客户历史信息、客户购买行为（借款用途）来计算客户的信用

状况，从而确定是否可以为其提供贷款服务。场景的存在彻底改变了客户授信的模式，提高了授信业务量和授信效率，实现了金融服务在广度和深度的拓展。蚂蚁花呗、京东白条、微粒贷等业务的快速发展证明了场景金融未来发展的潜力。

2. 中小企业融资状况将会极大改进

在互联网场景下，中小企业的线上业务、线上线下结合业务的交易信息会成为其征信的信息来源，因此在不需要客户提交材料或提交少量材料的情况下就能判断企业的征信状况，而且能够持续性地监测中小企业的业务类型、经营产品、经营区域、现金流状况，极大地提高了中小企业征信判断和贷后管理的能力，从而为中小企业贷款提供良好的发展前景。

3. 场景营销将开创营销新局面

在与客户接触的这条线上，存在接触点、需求点，呈现方案点、成交点、后续服务点、转介绍点等。在场景化营销中，任何一个场景（点）都是一个"成交"、一次确认。每次接触都在制造营销场景，产生需求。因此，在互联网时代，基于大数据的客户金融消费行为分析，将在不同的场景下，针对不同的客户进行不同形式、不同产品的营销。基于客户的行为分析、基于产品的消费者特性分析、基于场景的产品需求类型分析等数字技术产品，将形成具有互联网特征的场景营销、精准营销体系。

三、大数据和人工智能是未来金融服务的"灵魂"

场景金融发展的核心在于分析用户行为，用户每时每刻在各个场景产生的数据都将被互联网企业记录，并用于客户细分研究、客户行为研究、客户留存研究、客户媒介接触习惯研究、客户金融状况、客户征信水平等分析。

（一）海量数据是未来金融模式发展的源泉

金融是经营风险的企业，信息是识别风险的基础。在商业银行的传统模式下，收集客户授信材料以客户经理、风险经理到现场收集信息为主，存在的主要问题是资料收集成本高、信息收集量有限。

在互联网时代，互联网将成为主要的信息收集渠道：①交易行为数据构成金融分析数据的核心。从融资角度看，电商场景会自动产生包括购买商品、购买量、购买频率在内的海量金融风险分析数据，且边际成本几乎为零，而这些数据构成了消费融资、中小企业融资和供应链融资分析风险的"海量"信息。②金融交易数据形成交易行为数据的升华。互联网场景中的金融交易是场景金融融入的目的和结果，但随着金融融入互联网场景的增加，一方面第三方支付数据、支付结算数据、场景融资数据的生成量会大幅度增加，极大的拓展传统金融机构的金融数据量；另一方面，通过场景和金融的融合，支付结算数据和融资数据会向外延展，涵盖金融数据与消费者、商品类型、购买数量、购买习惯、购买频率、邮寄地址等传统金融机构数据中不曾记录的信息，构建信息间的关联关系，增加金融机构分析客户的能力。③生活数据成为金融分析数据的辅助支持。现代人越来越离不开互联网，每个人都在不同程度"触网"，多数年轻人几乎达到了时刻关注互联网的地步，个人浏览习惯、出行信息、旅游信息、就医信息、个人驾车信息、个人言论等各种各样的信息都可能被收集，信息收集的范围、类型、形式都海量增加。通过大数据分析技术，可以从这些信息中获取客户的财产状况、收入状况、工作状况、还款能力、道德风险等信息，以此构成风险评估的重要信息。

从保险的角度看，海量信息可以提供保险产品创新必须的精算数据，从而为保险产品创新、差异化产品设计、产品定价等提供更多的机会，同时为保险产品的销售提供更多的融入场景机会。

（二）大数据分析是金融科技的"生产车间"

数据只是"原材料"，互联网大数据要发挥威力，形成生产力，还需要引入大数据技术。大数据技术概念已经非常宽泛，从数据的存储技术到数据挖掘、神经网络、机器学习、人工智能等都属于大数据的范畴。从应用的层面看，大数据技术对未来金融服务的影响主要体现在：①大数据技术极大地提高风险识别的能力，降低风险识别的成本。随着互联网的普及和大数据技术的发展，普惠金融对象的风险评估将越来越依赖于互联网数据的收集，而逐步放弃线下收集信息的渠道。从数据的颗粒化程度看，传统模式下，分析客户的标签数量仅仅在百级，而在大数据模式下，分析客户的标签可以达到万级、几十万级。例如，今日头条分析客户的标签数量能达到 20 万级，极大地提高客户分析的精细化程度。②精准的客户"画像"，实现对客户清晰的了解。利用大数据技术，可以针对不同业务，从用户基本属性、行为属性、消费属性等方面，按照大数据分析的特征，形成多维度、精细化的"客户画像"。客户精准画像将形成客户营销、客户风险评估、产品设计的基础信息。③客户营销习惯"画像"，形成智能投顾新模式。通过对客户金融消费习惯的分析，详细刻画不同客户对储蓄、国债、信托、资管、基金、保险、股票等金融资产的需求特征，综合客户的资产状况、可承担风险的大小和期望的收益率等金融消费习惯，为客户提供智能化的资产配置方案，大幅提升客户理财顾问服务能力。④客户经理销售"画像"，形成社会化营销新模式。通过对客户经理销售有效性的分析，详细刻画不同客户经理对不同产品、不同客户的销售能力分析，形成客户经理销售模型，通过智能化手段为不同客户经理推送不同的客户和不同的产品，形成智能化的客户经理营销模式。

四、数字技术下的新型金融机构

（一）"长尾客户"是数字金融的主要影响客户

互联网金融的发展空间来自于"长尾理论"。服务成本高昂是造成传统金融模式更偏好高端客户的原因，但在互联网模式下，虽然每个客户购买量微小，但产品的数字特征使其储存、分发的经营成本微乎其微。同时，互联网连接技术和搜索技术的快速发展致使供需双方的交易成本和搜寻成本显著降低。因此，众多长尾客户的需求可汇聚成一个与高端客户市场相匹敌的长尾市场，同样可为金融机构创造利润。

（二）基于金融行业的流程再造会改变未来金融生态

1. 互联网行业对金融行业的冲击

在第三方支付尚未普及时，金融交易的主要媒介是现金和银行卡。网点、ATM 和 POS 机等物理渠道一直在向大家证明着金融机构的存在，支付结算一直是金融机构业务不可分割的一部分。但是，在第三方支付得到发展和普及后，形势出现了重大改变。以互联网电商为切入点，第三方支付首先占领了线上支付市场，并由此拓展到收单业务及线下小额支付，蚂蚁金服旗下的支付宝、财付通旗下的微信支付提供了便捷的移动支付服务，占据了国内移动支付市场九成份额。万达旗下的快钱、智付旗下的智付支付等第三方支付平台通过提供网银支付，跨境支付等特色业务，也在第三方支付业务上分得了一杯羹。支付结算通过垂直领域的行业细分，产生了专门从事支付业务的第三方支付机构，这是一种新型的金融机构，是互联网时代催生的具有数字属性的金融机构。第三方支付开创了"互联网+"重构金融生态和交互的时代，而这仅仅只是个开始。

2. 互联网背景下行业的垂直分工

互联网的核心是垂直分工，互联网背景下行业的垂直分工是改变商业生态的一个新模式。依据"长尾理念"，按照活动对业务流程进行碎片化细分，针对垂直领域进行市场筛选，只要互联网能够消除时空概念、发现足够的市场机会、商业上可以有一定的利润空间，就会产生一个新的行业。美团碎片化式地把订餐、送餐这些流程从整个业务的垂直领域切分出来，快递公司将快递服务切分出来，携程将订票这一环节切分出来，滴滴将汽车行驶中的座位空位切分出来，摩拜将自行车的使用时间切分出来，都做大做强成一个产业。

金融行业也不会例外，从当前现状看，支付业务被第三方支付公司切分出来；个人征信虽然没有获得中国人民银行批准，但蚂蚁金服已经开始运营；投资者和借款者对接形成了信息中介——P2P；录入客户等已经是成熟的运营外包产业；对中小金融机构及众多的互联网金融公司来说，IT系统也是成熟的外包模式。图2-27展示了金融产业流程再造原理。

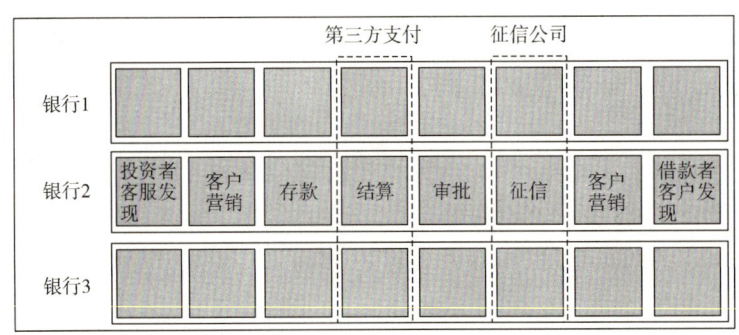

图2-27　金融产业流程再造原理

虽然传统金融机构仍然存在，但金融活动正逐步被剥离出金融机构。以保险行业为例，互联网电商、第三方互联网保险超市都在逐步地剥离传统保险公司中的销售活动。也许未来在整个金融生态中会出现更多的细分行业、更多的更小的金融机构，不可改变的趋势是金融生态未来会发生更大的变化。

金融科技引领"全球第4次金融浪潮"，对传统产业价值链的重构、对金融服务颠覆式的创新、对普通民众生活的改善影响非凡，各地政府相继出台系列支持政策。

第二篇

实务篇

第三章
国内外金融科技公司的发展情况

金融科技生态系统的发展，离不开日趋成熟的科创生态体系基础和良好的科技创业氛围。从企业数目以及融资额来看，全球金融科技产业正处于高速增长期。

根据埃森哲的统计数据，全球金融科技公司投资总额从2013年的40.5亿美元扩大到2016年的232亿美元[①]（见图3-1），与金融科技相关的初创公司数量已达到4 000多家，金融科技交易量大幅上升，2016年达到将近1 800笔。北美、欧洲、亚洲金融科技投融资规模从2014年开始激增。2016年，亚太地区金融科技融资规模首次超越北美，达到112亿美元；北美和欧洲地区投资交易量虽然上升，但投资总额却在下降。同时，金融机构也不断加大金融科技投资力度，强化企业间合作，积极融入金融科技创新大潮中。近几年，花旗银行、美国银行、高盛等一些知名的金融机构在金融科技投资方面较为活跃。花旗银行在2015年10月成立了金融机构科技研发指导中心，指定专人从事科技创新、研发管理，定期开展金融科技研发专业商讨大会，举办科技创新交流会议，并

---

① 中国银行业白皮书：书金融科技全面冲击银行业及银行的应对策略（麦肯锡大中华金融机构咨询业务）。

招募了大量知名金融机构科技部门专业人才，加强与其他金融机构科技创新以及研发合作，同时，在内部，培训员工使用 APP 来管理金融科技研发新产品，采用声音和面部来代替密码操作。

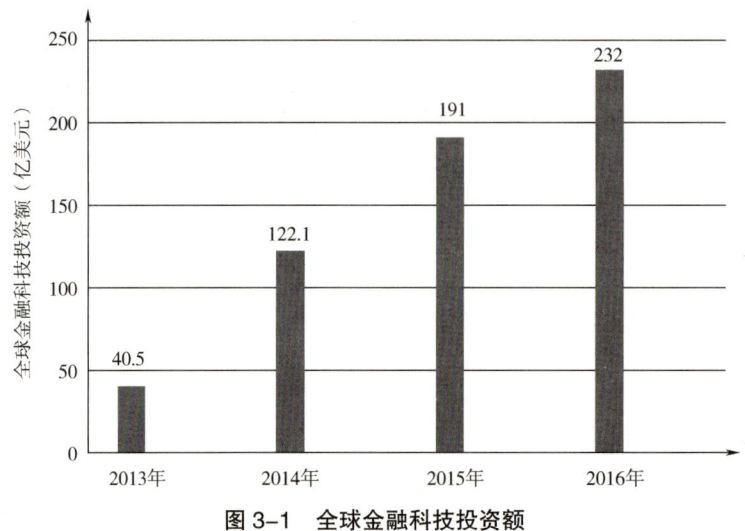

图 3-1　全球金融科技投资额

数据来源：美国风投数据公司 CB Inhight。

根据著名调研公司（Compass）发布的 2017 全球科创生态体系排名，全球体系前 20 名中（见表 3-1），美国占据 7 席，堪称是金融科技创业的摇篮，尤其是位于加州的硅谷，在绩效、融资规模、市场调查和创业经验等指标排名中均居所有城市首位，体现出其强悍的科技基础能力。加拿大有温哥华和多伦多 2 个城市入围，排名分别为第 15 和 16。亚太地区的北京、上海、新加坡在全球科创体系中分别排第 4、8、12 位，反映出亚太地区的科创生态体系正在快速发展。北京除了市场调查指标外，在经营绩效、创业经验、融资规模、人才供给等指标上都取得了较好的分数。从增长潜力来看，上海的增长指数为 5.5，仅次于悉尼的 6.3，排名第 2，反映其良好的科技发展潜力。此外，英国的伦敦、以色列的特拉维夫、德国的柏林、法国的巴黎、瑞典的斯德哥尔摩、澳大利亚的悉尼、荷兰的阿姆斯特丹、印度的班加罗尔等，都排在前 20 位。以色列是中东地区唯一的发达国家，科技创新是其在短短几十年内迅速发展的重要因素。

表 3-1　2017 年全球科创生态体系排名

城市名称	排名	绩效	融资规模	市场调查	人才	创业经验	增长指数
硅谷	1	1	1	1	2	1	4.2
纽约	2	3	2	3	7	4	4.5
伦敦	3	4	4	2	10	5	4.8
北京	4	2	5	19	8	2	4.4
波士顿	5	6	6	12	4	3	4.0
特拉维夫	6	9	8	4	11	7	4.5
柏林	7	7	9	6	5	10	4.6
上海	8	8	3	10	9	13	5.5
洛杉矶	9	5	7	15	14	11	4.2
西雅图	10	12	13	14	3	6	4.5
巴黎	11	14	14	9	16	8	4.2
新加坡	12	16	16	11	1	20	4.6
奥斯汀	13	15	11	18	6	9	4.3
斯德哥尔摩	14	17	20	8	18	12	5.3
温哥华	15	19	19	7	15	15	4.3
多伦多	16	18	12	5	20	18	4.7
悉尼	17	20	10	13	12	17	6.3
芝加哥	18	13	15	20	13	14	3.9
阿姆斯特丹	19	10	17	17	19	16	4.8
班加罗尔	20	11	18	16	17	19	4.7

数据来源：The Global Startup Ecosystem Ranking 2017 [EB/OL]．https：//www.compass.com．

第一节　全球金融科技公司的发展情况

多年来，硅谷、纽约和伦敦一直是金融创新和融资需求的中心，这些地区在金融监管、投资资本和政府服务等方面具有相对优势。

最初金融科技发展的重心在伦敦，欧洲近一半的金融科技初创企业在英国。英国金融市场是世界上金融稳定性较高的金融市场之一，政府提供科技担保，提供金融创新服务，为初创企业提供了良好的经营环境和发展机会。政府通过财政手段来实现金融科技体制的创新，主要方式有两种：一是通过股权质押、有偿使用、溢价收回等试点方式，支持科技协同创新体项目的建设；二是充分利用风险投资市场，支持和鼓励科技型企业上市融资。

美国拥有世界上最为发达的资本市场和风险投资市场，形成了科技产业、风险投资和资本市场相互联动的较为成熟的金融科技创业市场。美国金融科技创新的主体是初创企业，服务对象是有个性化金融需求的个人和企业。当前美国金融科技与资本市场结合的热点领域正在从网络借贷向互联网保险、财富管理等市场转移，其发展的优势在于创意、创新、多元化，尤其是在核心科技方面具有全球领先的竞争优势。

随着金融科技市场的不断发展，金融科技公司的地域分布向着多元化趋势发展，区域分布更加均衡。2017年排名前100的金融科技公司分布在全球29个国家，其中韩国、墨西哥和波兰第一次上榜。目前世界排名前50的金融科技公司分布中，欧洲仍占据主导地位，但亚洲公司正在迅速崛起。毕马威会计师事务所（KPMG）和H2 Ventures联合发布的《2017金融科技100强》所选取的金融科技公司中，欧洲（英国除外）、非洲和中东的公司有41家，美洲公司有29家，亚洲（含澳大利亚和新西兰）公司有30家（见图3-2）。从国家分布来看，美国金融科技公司最多（19家），其次是澳大利亚（10家），之后依次是中国9家、英国8家、加拿大6家、法国5家、德国5家、印度4家。中国金融科技公司发展迅速，全球金融科技企业前10名包含了5家中国金融科技企业，其中蚂蚁金服、众安保险和趣店占据全球前3名，其他两家企业分别是陆金所和京东金融。

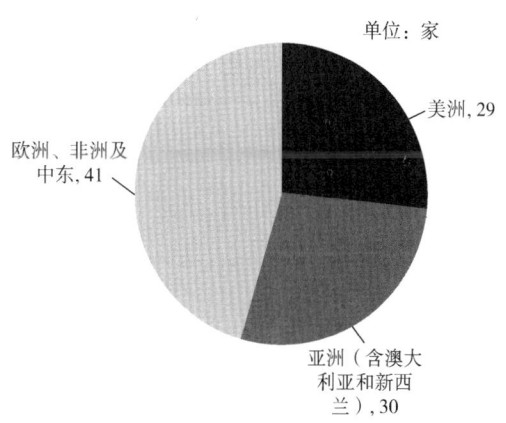

图3-2 2017全球金融科技100强地域分布

数据来源：KPMG和H2 Ventures联合发布。

从细分行业来看，《2017全球金融科技100强》评选出的全球排名前100家金融科技公司中，有32家借贷公司、21家支付公司、15家资本公司、12家保险公司、7家财富管理公司、6家监管科技公司、4家区块链公司及数字货币公司和3家数据分析公司（见图3-3）。其

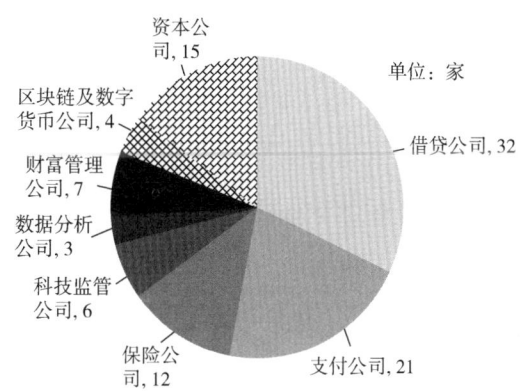

图3-3 2017全球金融科技100强行业分布

数据来源：KPMG和H2 Ventures联合发布。

中，排名前10的金融科技公司（见表3-2）分别是蚂蚁金服、众安保险、趣店、奥斯卡（Oscar）、Avant、陆金所、Kreditech、Atom Bank、京东金融和Kabbage，其中包含6家借贷公司，1家第三方支付公司、2家保险公司、1家资本平台公司。5家国外公司中，以贷款为主的占4家。从图表数据可以看出，互联网借贷公司和第三方支付平台发展较快，数量最多。

表 3-2 2017 全球金融科技前 10 强情况简析

公司名称	排名	行业	所在国家	主要业务及特点	成立时间
蚂蚁金服	1	第三方支付	中国	蚂蚁金服是全球最大的第三方支付平台，为中小企业和个人提供金融服务，业务涵盖支付、财富管理、独立信用评分报告、私人银行和云计算服务	2004 年
众安保险	2	保险	中国	众安保险使用大数据实现网上产险的自动化。总部设在上海，依托移动互联网、云计算、大数据等科技设计产品 亮点：定制保险	2013 年
趣店	3	贷款	中国	趣店是一家在线提供分期付款的网络电子产品零售商。趣店是面向 5 亿非信用卡人群的金融科技公司，覆盖白领、蓝领等年轻人群，是中国分期购物的领导者之一，依托统一且独特的风控和大数据体系，同时与国内多家第三方大数据平台合作，能够多维度、全方位识别用户信息	2014 年
奥斯卡（Oscar）	4	保险	美国	Oscar 正努力利用新兴技术从根本上变革健康保险市场。健康险独角兽 Oscar Health 的创始团队具有极强的技术背景和商业资源，依托奥巴马医改取得了较大的进展	2013 年
奥斯卡（Avant）	5	贷款	美国	Avant 是一家为消费者短期贷款提供贷款服务的平台。平台最大特色在于对大数据、自动化及机器学习技术的充分应用。2015 年 4 月，Avant 正式推出了一项市场销售计划，允许机构投资者进入自己的交易流渠道	2012 年
陆金所	6	资本市场	中国	中国平安集团旗下一家互联网金融资产交易平台，依托大数据和 IT 优势，在健全的风险管控体系基础上，为投资者提供专业的理财服务 亮点：财富投资管理平台	2011 年
Kreditech	7	贷款	德国	Kreditech 可以在数秒内为无法享受银行服务（under-banked）的客户提供贷款。Kreditech 业务建立在大数据的基础上，能为没有信用历史的用户进行信用评级，并为其提供信贷。与此同时，它还要根据评估风险来设定相应的利率 亮点：重新定义的银行	2012 年

续表

公司名称	排名	行业	所在国家	主要业务及特点	成立时间
Atom Bank	8	贷款	英国	Atom Bank 是英国第一家纯线上数字零售银行。是依托数字技术、基于APP设立的银行，没有任何分支机构，运用生物识别技术——面部和声音识别保证安全 亮点：未来银行	2014年
京东金融	9	贷款	中国	京东金融使用其电子商务技术在诸多细分领域为消费者提供金融服务，包括消费金融、众筹和支付	2013年
Kabbage	10	贷款	美国	Kabbage通过其自动化贷款平台为小企业提供资金。2008年年底，Kabbage创立于美国亚特兰大，是一个基于大量数据和算法征信，面向企业和个人的在线贷款平台。小企业短期贷款是Kabbage的主营业务。专注研究动态大数据信用系统，这是Kabbage的核心竞争力	2008年

数据来源：互联网普惠金融研究院项目组整理。

表3-3选取了《2017全球金融科技100强》报告中各行业排名第一的金融科技公司，其中5家为海外公司。根据公司的主营业务及特点可以看出，这些金融科技企业主要以强大的数据基础作为核心支撑，运用大数据进行信用识别、产品匹配和风险分析。企业大多成立于2010年前后，其中贷款、保险等传统金融业务发展较为成熟，众筹、金融监管、数字货币、区块链技术和监管正逐渐成为市场的新兴力量，反映出金融科技市场的发展趋势。在资料搜集整理过程中，笔者发现上榜的金融科技企业排名变化较快，特别是初创企业短期内很容易赶超排名靠前的公司，这符合金融科技市场复杂多变、竞争激烈的特点。金融科技企业发展主要依赖技术变革和融资规模，需要迅速抢占市场以获得规模优势。

表 3-3 2017 金融科技行业代表性企业情况简析

公司名称	排名	行业	所在国家	主要业务及特点	成立时间
蚂蚁金服	1	支付	中国	蚂蚁金服是全球最大的第三方支付平台，包括为中小企业和个人提供金融服务，业务涵盖支付、财富管理、独立信用评分报告、私人银行和云计算服务	2004 年
众安保险	2	保险	中国	众安保险使用大数据实现网上产险的自动化。总部设在上海，依托移动互联网、云计算、大数据等科技设计产品 亮点：定制保险	2013 年
趣店	3	贷款	中国	趣店是一家在线提供分期付款的网络电子产品零售商。趣店是面向 5 亿非信用卡人群的金融科技公司，覆盖白领、蓝领等年轻人群，是中国分期购物的领导者之一，依托统一且独特的风控和大数据体系，同时与国内多家第三方大数据平台合作，能够多维度、全方位识别用户信息	2014 年
陆金所	6	资本市场	中国	中国平安集团旗下互联网金融资产交易平台，依托大数据和 IT 优势，在健全的风险管控体系基础上，为投资者提供专业的理财服务 亮点：财富投资管理平台	2011 年
Xero	16	会计	新西兰	Xero 是基于云端的在线财会软件公司。在新西兰创立 5 年后，这家公司登陆美国市场，痛击了他们的竞争对手。很多人称它为"在线财会领域的苹果" 特点：漂亮的财务会计软件	2006 年
Securekey Technologies	18	监管	加拿大	SecureKey 是专注于身份验证以及账户安全管理的技术服务提供商。用户可以在支持 SecureKey 服务的公司网站通过 SecureKey 账户密码关联所有银行和理财账户，避免记忆大量复杂账户信息，而所有的账户和密码数据都储存在安全性最高的云平台中 特点：建立信用身份识别	2015 年
OurCrowed	19	众筹	以色列	OurCrowd 是位于耶路撒冷的股权众筹公司，是世界上发展最快、最成功的股权众筹公司之一。OurCrowd 不仅是股权众筹平台，还是像 VC 一样投资平台上的公司	2015 年

续表

公司名称	排名	行业	所在国家	主要业务及特点	成立时间
WealthSimple	29	财富管理	加拿大	与其他智能投顾平台一样，WealthSimple也提供自动化的KYC（Know Your Customer）方案，通过前期搜集客户的财务状况以及其风险承受度信息，从而为客户提供高匹配度的投资组合。与其他智能投顾平台不同之处在于其目标客户不限于高净值人群，任何资金量规模的账户都可以享受到同样服务。WealthSimple的商业模式非常简单，除了向每个账户收取其资金量0.5%的服务费以外，不收取任何其他费用，包括交易、转账或更换投资组合	2014年
Circle	30	数字货币	美国	Circle公司成立于2013年，总部位于波士顿，是美国一家消费金融创业公司，主要提供虚拟货币——比特币的储存及国家货币兑换服务。Circle目标是将比特币作为后台网络来使用，使用户可以以各国货币的形态来掌控自己的资金，以此避免比特币的价格波动可能带来的损失。当用户想要转移资金的时候，也可以购买短期的比特币，以此将资金（美元、英镑、欧元）转移到相关的银行账户	2013年

数据来源：互联网普惠金融研究院项目组整理。

第二节　国内金融科技公司的发展情况

中国已经成为世界上金融创新最活跃的国家之一，从基础设施建设到连接赋能，数字科技早已渗透到整个金融行业。

数字科技向金融领域的大规模渗透始于2013年。2013年，全球金融科技前50名中，只有1家中国金融科技企业，3年后，毕马威会计师事务所（KPMG）和H2 Ventures联合发布的金融科技创新企业中，排名前六的企业中，中国占据四席，分别是蚂蚁金服、众安保险、趣店、陆金所。视觉资本家（Visual Capitalist）的数据显示，2016年全球金融科技独角兽企业估值规模为1 389亿美元，其中，中国企业为964亿美元，占比高达70%，领先优势十分突出。美国商务部国际贸易管理局（ITA）发布的《2016全球市场报告金融科技系列》显示，中国在金融科技领域的投资仅次于美国，居世界第二。2016年第一季度，亚洲金融科技的投资达26亿美元，占全球总投资额的45%，北美为11.6亿美元，欧洲为1.35亿美元。截至2016年7月31日，亚太地区金融科技投资规模最大的10笔交易全部在中国大陆和中国香港，包括阿里巴巴、京东、陆金所的重量级投资交易。这10笔交易占整个亚太地区投资交易总量的90%，投资规模达到87.5亿美元，资金来源多为私募基金、风险投资基金等。

在我国，环渤海、珠三角、长三角三大经济圈发展模式各具特色，金融科技投入程度不一，科技创新产出效率差异较大。以北京、上海为中心城市的环渤海和长三角经济圈偏重基础研究的科研机构、高校要多于以深圳为中心的珠三角经济圈，深圳地区研发机构、研发人员、研发资金等这些资源90%以上集中在企业。发达地区的互联网公司成为吸引金融科技投资资金的主要载体，其中以阿里巴巴、腾讯、京东和百度等为代表的互联网公司，充分利用海量用户、数据、渠道、技术、资金等优势，高调进入金融科技领域，并以惊人的速度成长，成为市场的主要推动力。

表3-4选取了中国与海外金融科技行业中具有代表性的科技公司。选取的标准为各行业影响力排名靠前、较早进入该行业的代表性公司。从表中可以看出，美国等发达国家的金融科技企业起步较早，在20世纪末基本形成。我国金融科技企业绝大部分是在21世纪初成立，尤其在2010—2015年发展迅猛。造成这一差异的原因主要是不同的市场成熟度及创新环境。美国等发达国家金融服务机构多为私营背景，竞争激烈，创新意识相对较强；中国金融服务机构多为国资背景，金融牌照垄断现象相对严重，垄断赋予了这些机构金融资源定价能力，企业创新和服务提升的动机不足。但国内

监管环境的模糊为金融科技类企业创造了发展条件，因此模式创新在中国发展非常迅速。

表3-4 中国与海外金融科技行业代表性企业情况对比

行业	中国企业	成立时间	海外企业	成立时间	所在国家
支付	支付宝	2004年	贝宝（Paypal）	1998年	美国
	财付通	2005年	Transferwise	2011年	英国
	—	—	Klarna	2005年	瑞典
P2P	拍拍贷	2007年	Zopa	2005年	英国
	人人贷	2010年	借贷俱乐部（Lending Club）	2006年	美国
	陆金所	2011年	繁荣网（Prosper）	2006年	美国
	宜人贷	2012年	Kabbage	2008年	美国
	京东金融	2013年	Avant	2014年	美国
	趣店	2014年	Kreditech	2012年	德国
	—	—	Atom Bank	2014年	英国
众筹	3W咖啡	2011年	Kickstarter	2009年	美国
	天使汇	2011年	AngelList	2010年	美国
	点名时间	2011年	Wefunder	2012年	美国
	京东众筹	2014年	—	—	—
互联网征信	芝麻信用	2015年	邓白氏（Dun & Bradstreet）	1993年	美国
	腾讯征信	2015年	艾可飞（Equifax）	1899年	美国
	前海征信	2015年	环联（Trans Union）	1968年	美国
	鹏元征信	2015年	益博睿（Experian）	1996年	美国
	考拉征信	2015年	费埃哲（FICO）	1981年	美国
互联网银行	微众银行	2014年	美国安全第一网络银行（SFNB）	1995年	美国
	网商银行	2014年	Egg	1998年	英国
	—	—	乐天银行	2009年	日本
互联网保险	众安保险	2013年	Direct Line	1985年	英国
	—	—	INSWEB	1995年	美国
	—	—	奥斯卡（Oscar）	2013年	美国

续表

行业	中国企业	成立时间	海外企业	成立时间	所在国家
互联网证券	富途证券	2012 年	盈透证券（Interactive Brokers）	1977 年	美国
	—	—	亿创理财（E-trader）	1982 年	美国
	—	—	宏达理财（TD Ameritrade）	1983 年	美国
互联网基金	余额宝	2013 年	Paypal 货币市场基金	1999 年	美国
互联网理财	百度理财	2015 年	Betterment	2008 年	美国
	京东智投	2015 年	Wealthfront	2011 年	美国
区块链	量子链	2014 年	瑞波（Ripple）	2004 年	美国
	小蚁 NEO	2015 年	以太坊（Ethereum）	2013 年	美国
	万向区块链	2017 年	数字资产控股（Digital Asset Holdings）	2014 年	美国
	—	—	定期账本（Everledger）	2016 年	英国

数据来源：互联网普惠金融研究院项目组整理。

一、消费支付平台

中国已成为世界上第三方支付市场份额最高的国家，中国移动支付规模超过美国的 50 倍，支付宝的交易金额也远超第三方支付鼻祖——贝宝（Paypal）。支付宝有 5.2 亿用户（截至 2017 年 3 月），财付通有 6 亿用户（截至 2016 年 12 月），贝宝（PayPal）仅有 1.97 亿用户（截至 2016 年 12 月）。P2P 发展迅速，大量未被传统金融结构借贷服务覆盖的小微企业和个人，通过 P2P 平台可以获得融资，解决短期资金缺口问题。

二、众筹

众筹是互联网技术下的一种新型直接融资方式，为小微企业创业等提供更便利的方式，主要有实物众筹、股权众筹、债权众筹等方式。世界上影响力最大的众筹平台是美国的 Kickstarter，其要求每一个平台对发布的项目设定最低融资额和期限。中国的 3W 咖啡是典型的股权众筹平台，其为股东提供的回报不是单纯的股本收益，而是各种投资机会的分享交流平台，带有一定的俱乐部性质。

三、征信领域

在征信领域，美国起步早，机构征信和个人征信体系在充分竞争后趋于成熟稳定。中国征信起步相对较晚，虽然数据量庞大，但是发展时间较短，征信模型尚待完善。随着大数据时代的到来，征信数据的应用场景日渐丰富，虽然中国在征信模型成熟度等方面与发达国家有差距，但数据快速迭代将为算法优化提供良好的环境。

四、传统金融机构

银行、保险、证券等传统金融服务行业，对金融科技的使用存在较大差异。目前我国有两家纯互联网银行——微众银行和网商银行，这两家银行背靠实力雄厚的互联网巨头，具有流量优势和技术优势，相比之下，保险行业的进入门槛非常高，国内外保险行业的金融创新并不火热。我国居民保险意识相对较弱，保险行业与科技融合尚处于早期阶段，目前工作突破口是用户体验优化。互联网证券的兴起源于互联网经纪业务，2014 年 4 月，中信证券、国泰君安等 6 家证券公司第一批获准成为互联网证券业务试点单位，一些提供资讯的平台也通过参股或收购等方式积极参与，例如，2014 年 12 月东方财富全资子公司收购宝华世纪证券 100% 股权。基金行业主要通过销售渠道变革来拥抱互联网技术，余额宝的出现降低了投资参与门槛，打破了资产与货币的界限。截至 2017 年第三季度末，余额宝规模达 1.559 5 万亿元，成为全球单体规模最大的货币基金。

科技创新驱动不同金融机构的业务创新发展，传统金融机构也开始不断学习更多的前沿技术来增强市场竞争能力、优化自身业务、提高效率、降低成本。中国银行成立了金融科技指导办公室，并将其作为近年来我国金融机构科技创新以及研发的重要场地。工商银行已经将区块链、人工智能、大数据、互联网等技术作为现阶段金融科技创新和研发的重点领域，实现了科技研发和创新业务的有机结合。招商银行推出国内首家"微信银行"，拓展供应链金融服务市场，大数据应用助力零售发展，并在财富管理领域开始尝试智能投顾的使用，运用区块链技术处理银行事务。同时，伴随我国金融体系的完善，传统金融机构与金融科技公司的合作将成为行业常态，如今互联网巨头与金融机构合作共同应用金融科技相当普遍。2017年3月28日，建设银行与阿里巴巴、蚂蚁金服签署三方战略合作协议；2017年6月16日，工商银行与京东集团宣布开展全面合作；2017年6月20日，农业银行与百度建立战略合作关系；2017年6月22日，中国银行与腾讯宣布组建金融科技联合实验室；2017年8月22日，交通银行与苏宁集团达成战略合作，将共同设立"交行—苏宁智慧金融研究院"；2017年7月初，民生银行与中国联通、小米科技、搜狐集团签署战略协议，开启全行业合作。

五、财富管理平台

美国智能投顾平台Betterment、Wealthfront主要服务对象是年轻人群、未来的中产阶级。相比之下，国内投资者对于智能投顾公司的接受度仍不高，其背后原因是中国金融市场发展不够成熟以及中国投资者与国外投资者的投资理念存在差异。我国智能投顾产品起步于2014年，在2015年集中爆发。智能投顾产品主要是模仿国外先行者，既有传统金融机构推出的平台，如平安一账通、嘉实基金的金贝塔、贝塔牛、立马理财、华泰AssetMark等，也有互联网公司推出的京东智投、雪球财经、同花顺、百度投市通、阿里蚂蚁聚宝、腾讯微众银行等，还有独立第三方智能投顾平台，包括弥财、蓝海财富等。

六、区块链技术相关企业

国内新增区块链项目数量在 2016 年达到顶峰，2017 年出现一定回落。区块链项目主要集中出现在一线城市。中国平安、招商银行、中国外汇交易中心等国内金融机构相继加入 R3 区块链联盟。2017 年 2 月，中国区块链应用研究中心（上海）正式揭牌成立。2017 年 3 月，点融网和富金通共同推出了首个区块链供应链金融平台，旨在解决中小企业的融资难题。2017 年上半年，中央银行成立了数字货币研究所。量子链、小蚁、万向等公司在区块链领域起步较早，在业内已经较有名气，其产品主要在以太坊及比特币基础协议之上进行优化。

除了这些已初具规模的知名平台，金融科技领域的初创公司也在近几年不断成长。金融科技的创新是一个持续不断的过程，其应用层面的发展离不开具有创新精神的企业在实践中不断尝试、推陈出新、印证假设，并在此过程中调整和把握发展方向。

第四章
北京金融科技现状分析

本书在系统性分析金融科技内涵、技术因素、变革趋势以及金融科技影响下的金融生态体系的基础上，从推动北京地区金融科技健康发展的角度出发，对北京地区金融科技的发展情况进行了重点剖析，并对金融科技的发展提出政策建议。

根据《2017金融科技中心指数》，北京、上海、深圳、杭州、广州5所城市目前已经发展成为全国性金融科技中心。根据《2017年金融科技创新TOP100企业》数据分析，金融科技企业主要集聚在北京、上海、深圳、杭州一线及准一线较发达城市，北京以45家独占鳌头，上海紧随其后，企业数为24家。

从金融科技中心生态建设纬度看，北京科研实力、行业协会、监管制度和环境较好，在众筹、大数据征信和区块链行业体量排前。北京以中关村国家自主创新示范区为重点建设对象，发布了系列政策措施，旨在努力建设具有全球影响力的中关村金融科技服务体系。

北京金融科技发展较早，目前已形成较大规模，在全国具有标杆地位。

第四章
北京金融科技现状分析

北京地区依托雄厚的科研实力，良好的经济基础，凭借"一行三会"①的所在地、金融机构总部聚集地等优势，成为中国金融科技发展最重要的力量。目前，无论从机构类型上、数量上，还是成交金额上，北京地区的金融科技企业都名列前茅。

金融科技的发展程度可以用两方面指标来衡量：一是数字技术在金融系统的应用、投资情况；二是金融科技公司的发展状况。深入分析北京的金融科技发展现状有助于进一步深入了解我国金融科技特征，本章主要从北京地区金融科技投资和金融科技公司发展情况来分析北京地区的金融科技发展现状。

第一节　北京地区金融科技投资情况

英国金融科技团体（Innovate Finance）发布的《2016年金融科技风险投资图景》（The 2016 VCF in Fintech Investment Landscape）显示，2016年全球金融科技公司获得的风险投资总额为174亿美元，同比增长了10.9%，笔数为1 436笔。

2016年视觉资本家（Visual Capitalist）的数据显示，全球27家估值不低于10亿美元的金融科技独角兽中，美国占14家，资产总估值为310亿美元；中国占8家，资产总估值为964亿美元；其余5家资产总估值为115亿美元。

2016年7月12日，在"科技金融本土化深刻变革"——金融科技（Fintech）论坛上，安永（EY）金融行业银行转型和创新团队执行总监吴大维称，2015年金融科技领域投资总额为45.2亿美元，覆盖了130个项目，其中中国投资总额为25亿美金，占整个亚太地区金融科技投资总额近56%，北京已成为硅

---

① 一行三会：国内金融界对中国人民银行、中国银行业监督管理委员会、中国证券监督管理委员会和中国保险监督管理委员会四家的简称。现银保合并形成"一委一行两会"。

谷之外全球第二大金融科技投资市场，2015年仅北京一个地区就吸引了全国65%的金融科技投资额。安永测算称，中国2016年对金融科技领域的直接投资达到了560亿元人民币。

2017年是中国金融科技平稳发展的一年，咨询公司毕马威（KPMG）与投资公司H2 Ventures联合发布的《2017全球金融技术100强》中，前10名榜单，中国有5家，蚂蚁金服、众安和趣店位列前三，陆金所第六，京东则位列第九。

在世界金融科技风潮的带动下，中国在金融科技领域的地位日益突出，北京则在中国金融科技领域占据主导地位。为了分析方便，笔者从研究的需求出发，根据金融科技企业的技术、数据、创新、痛点解决、典型性、数据可获得性等，选取了50家北京地区金融科技企业作为分析样本，用于分析北京地区金融科技投资情况和北京地区金融科技企业的发展情况。①

根据金融科技企业对金融业务的影响，将金融科技企业分为7个大类。

（1）综合服务类金融科技企业，典型特征是涉及支付、贷款、理财、保险、证券等多种金融服务领域或产品。

（2）大数据及征信类金融科技企业，典型特征是以技术为核心，为金融机构提供大数据技术和风险计量技术支持。

（3）消费金融、供应链金融类金融科技企业，是专注于某个领域或产业链的网络借贷型金融科技企业。

（4）互联网借贷类金融科技企业，是信息中介型网络借贷金融科技企业。

（5）理财类金融科技企业，典型特征是通过各种资产的对接为投资者提供理财服务。

---

① 本书对北京地区金融科技企业清单的说明：对选取的企业只做模式分析，并未对清单中企业的合法合规经营进行分析，分析结果不能用于投资者的投资依据，也不对投资者据此投资产生的后果负责；金融科技企业前标注的序号仅为了分析研究标识使用，与企业排名无关；金融科技企业的选择具有随机性，选中与否并不构成企业优劣的依据。

（6）移动支付类金融科技企业，典型特征就是线上线下第三方支付。

（7）其他类金融科技企业，包括区块链和互联网众筹。

金融科技企业基本都是高风险创新企业，对于资本来说，属于风险投资的范畴，其获得融资的次数和融资金额一定程度上体现了北京地区的金融科技投资环境、资本对金融科技企业项目的认可情况，以及金融科技企业的发展潜力。表4-1列出了北京地区具有代表性的金融科技企业的融资情况。

表4-1列出的50家金融科技企业中，有30家是中国互联网协会的单位会员，24家是首批单位会员，其他6家2017年加入。6家综合服务类金融科技企业都是协会单位会员，百度金融和京东金融是协会常务理事单位。

一、金融科技企业注册资金情况

表4-1所列的50家金融科技企业中，有注册成立企业的48家，注册资金总额110.21亿元，其中百度金融和国美金融因为事业部模式没有注册资金。注册资金超过1亿元的22家，占40%，注册资金5 000万元以上的33家，占66%。如图4-1所示。

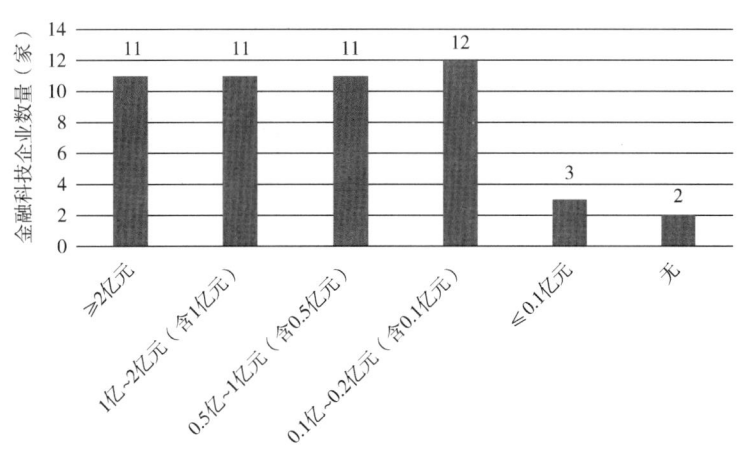

图4-1 金融科技企业注册资金情况

表 4-1　北京地区金融科技企业融资情况

类型	编号	代表企业	注册资本（万元）	注册时间	天使轮	A轮	B轮	C轮	D轮	E轮/战略融资/Pre-IPO/IPO	总融资	是否为中国互联网协会会员	备注
综合金融服务	1	百度金融	—	2015-12-14	—	—	—	—	—	—	—	√	百度事业部
	2	京东金融	320 785.2717	2012-09-05	—	66.5亿元	—	—	—	—	66.5亿元	√	466.5亿估值
	3	品钛集团	20 000	2012-03-05	—	1 000万美元	3 719万美元	8 400万美元	—	—	13 119万美元	√	—
	4	宜信	66 790	2010-04-02	—	1 000万美元	数千万美元	—	—	1 000万美元Pre-IPO；7 500万美元IPO	数亿美元，>6.8亿元	√	宜人贷IPO
	5	拉卡拉	36 000	2005-01-06	1 600万元	800万美元	2 500万美元	未披露	15.7亿元	—	数十亿元，>18亿元	√	二次战略融资：7000万元，15亿元
	6	国美金融	—	2014-09-25	—	—	—	—	—	—	—	√	国美集团平台
大数据及征信服务	1	百分点	1 123.7773	2009-07-01	—	720万美元	1 000万美元	2 500万美元	4亿元	—	数亿元，>6.743亿元	—	2011-01-01、2012-01-01融资未披露
	2	腾云天下	5 000	2011-07-19	1000万元	1 000万美元	数千万美元	1亿美元	未披露	—	数亿美元，>7.9亿元	—	—
	3	天云大数据	3 243.243 2	2013-05-09	—	数百万美元A；3 000万元A+	1 500万元	未披露	—	—	数千万元，>5 150万元	—	—

续表

类型	编号	代表企业	注册资本（万元）	注册时间	天使轮	A轮	B轮	C轮	D轮	E轮/战略融资/Pre-IPO/IPO	总融资	是否为中国互联网协会会员	备注
大数据及征信服务	4	百融金服	7 350.498 2	2014-03-19	—	数千万元	2亿元B；数千万元B+	—	—	—	数亿元，>2.2亿元	√	2016-03-01融资未披露
	5	金电联行	7 903.584 9	2007-06-12	—	2 600万	1亿元	3亿元	—	—	4.26亿元	—	
	6	天创信用	5 000	2015-04-02	—	1 305万	—	—	—	—	1 305万元	√	
	7	闪银	2 932	2014-04-23	未披露	4 000万元	2 000万美元	8 000万美元	—	—	数亿元，>6.9亿元	√	
消费金融	1	趣店	2 388.595 286	2014-04-09	—	数百万美元	数千万美元	数千万美元	1亿美元	2亿美元E轮；约30亿元Pre-IPO；9亿美元IPO	数十亿美元，>17亿美元	√	趣店IPO上市
供应链金融	2	量化派	245.443 5	2014-01-28	100万元	2 059万	6 600万元	5亿元	—	—	数亿元，>5.875 9亿元	—	2017-01-01未披露
	3	掌众金融	10 000	2015-07-27	—	近千万元	—	—	—	战略被收购	近千万美元	√	香港上市公司战略收购
	4	安心de利	1 712.407 4	2014-05-13	—	数千万元	1 000万美元	—	—	—	数千万元，>7 500万元	√	
互联网借贷平台	1	人人贷	10 000	2010-04-28	—	—	—	—	—	—	—	√	
	2	搜易贷	30 000	2014-04-16	—	—	—	—	—	—	—	√	搜狐集团平台
	3	有利网	50 000	2012-05-31	数百万元	数千万元	5000万美元	4 600万美元	—	—	数亿美元，>1亿美元	√	
	4	短融网	5 493.8	2014-05-22	—	数千万美元	3.9亿元	—	—	—	数亿元，>4.55亿元	√	

续表

类型	编号	代表企业	注册资本（万元）	注册时间	天使轮	A轮	B轮	C轮	D轮	E轮/战略融资/Pre-IPO/IPO	总融资	是否为中国互联网协会会员	备注
互联网借贷平台	5	向上金服	10 000	2013-07-23	—	数千万元	—	—	—	—	数千万元	√	凡普金科平台
	6	爱钱进	20 000	2014-03-23	—	—	—	—	—	—	数亿美元，>1亿美元	√	联想控股成员企业
	7	翼龙贷	10 000	2005-04-12	—	未披露A轮；1亿美元A+轮	—	—	—	—	—	√	
	8	借贷宝	300 000	2014-12-22	20亿元	—	—	—	—	25.3亿元战略投资	45.3亿元	—	二次战略融资：3 000万元，25亿元
	9	网信理财	2 000	2014-06-27	—	—	—	—	—	—	—	√	网信集团平台
	10	金联储	10 000	2014-03-18	—	—	—	—	—	—	—	√	金银岛平台
	11	好贷网	5 000	2013-08-20	未披露	数千万美元	5 000万美元	1 000万美元	—	—	数亿元，>4.55亿元	—	
	12	银湖网	20 000	2014-04-15	—	—	—	—	—	—	—	√	熊猫烟花平台
	13	金信网	10 000	2013-12-30	—	—	—	—	—	—	—	√	
	14	安心贷	5 000	2010-07-08	—	—	—	—	—	—	—	√	
	15	普惠家	6 000	2015-04-20	—	5 000万元	—	—	—	—	5 000万元	—	
	16	网利宝	5 000	2014-01-27	—	1 000万美元	4 000万美元	—	—	—	5 000万美元	—	
	17	冠e通	10 000	2011-07-22	—	—	—	—	—	—	—	—	

第四章 北京金融科技现状分析

续表

类型	编号	代表企业	注册资本（万元）	注册时间	天使轮	A轮	B轮	C轮	D轮	E轮/战略融资/Pre-IPO/IPO	总融资	是否为中国互联网金融协会会员	备注
互联网借贷平台	18	优分期	10 000	2014-04-02	1 000万元	数千万元	亿元及以上	—	—	14.28亿元并购	亿元以上，>15.48亿元	—	华塑控股拟溢价近50倍收购价
互联网借贷平台	19	易通贷	15 000	2011-03-15	—	—	—	—	—	—	—	√	
互联网借贷平台	20	理财范	12 566.67	2014-01-13	数百万元	数千万元	2.1亿元	3.3亿元	—	—	数亿元，>5.51亿元	—	
投资管理、智能投顾、互联网证券	1	融360	1 000	2011-11-10	未披露	700万美元	3 000万美元	6 000万美元	10.35亿元	1.8亿美元 IPO	数亿美元，>4.36亿美元	√	
投资管理、智能投顾、互联网证券	2	资配易	4 383	2014-06-09	—	—	近亿元	—	—	—	—	—	
投资管理、智能投顾、互联网证券	3	真融宝	7 889.201 6	2014-07-10	—	1 000万元 Pre-A；1 000万美元 A轮	数亿美元	—	—	—	数亿元，>1.75亿元	—	
投资管理、智能投顾、互联网证券	4	悟空理财	20 000	2006-12-08	—	1.1亿美元	—	—	—	数亿美元战略投资	数亿美元，>3.1亿元	√	玖富金科平台
投资管理、智能投顾、互联网证券	5	凤凰金融	1 065.245 588	2014-08-22	—	8 000万美元	—	—	—	—	8 000万美元	√	凤凰卫视平台
投资管理、智能投顾、互联网证券	6	老虎证券	1 270.210 913	2014-06-11	数百万元	数百万元 Pre-A；未披露 A轮	2亿元 B轮；1亿元 B+轮	—	—	未披露战略融资	数亿元，>3.02亿元	—	
投资管理、智能投顾、互联网证券	7	小诺理财	10 000	2015-04-13	—	未披露	—	—	—	—	未披露	√	2015-01-01融资未披露，备案在宁夏

续表

类型	编号	代表企业	注册资本（万元）	注册时间	天使轮	A轮	B轮	C轮	D轮	E轮/战略融资/Pre-IPO/IPO	总融资	是否为中国互联网协会会员	备注
移动支付	1	和包	50 000	2011-06-30	—	—	—	—	—	—	—	√	中国移动平台
移动支付	2	钱方好近	800	2012-01-16	—	未披露	未披露	—	—	—	未披露	—	
其他	1	大一云科技	2 000	2016-04-13	—	—	—	—	—	—	—	—	
其他	2	星火乐投	5 000	2016-02-24	—	—	—	—	—	—	—	—	
其他	3	人人投	1 590.53	2014-03-24	—	3 000万元	—	—	—	—	3 000万元	—	
其他	4	天使街	582.896 1	2014-05-27	—	—	—	—	—	—	—	√	

数据来源：互联网普惠金融研究院整理。

注：①表中的"万元""亿元"都是以人民币为货币单位。
②本书对北京地区金融科技企业清单的说明：对选取的企业只做模式分析，并未对清单中企业的合法合规经营进行分析，分析结果不能用于投资者的投资依据，也不对投资者据此投资产生的后果负责；金融科技企业前标注的序号仅为了分析研究标识使用，与企业排名无关；金融科技企业的选择具有随机性，选中与否并不构成企业优劣的依据。

根据《中华人民共和国商业银行法》第13条规定:"设立全国性商业银行的注册资本最低限额为10亿元人民币。设立城市商业银行的注册资本最低限额为1亿元人民币,设立农村商业银行的注册资本最低限额为5 000万元人民币。注册资本应当是实缴资本。"商业银行和金融科技企业虽然没有严格的映射关系,但如果金融科技企业全面参与金融业务,从金融企业的稳健性来看,其注册资本多少应该是监管部门考虑的重要问题。

二、金融科技企业融资情况

50家样本企业中,有融资行为的有33家,融资总额保守估计有400亿元,乐观估计有600亿元。按照保守的估计方法,融资金额大于20亿元的有5家,最多的是趣店,融资金额17亿美元,折合人民币110亿元;融资金额超过1亿元人民币的24家,占比48%;获得融资的33家,占比66%。如图4-2所示。

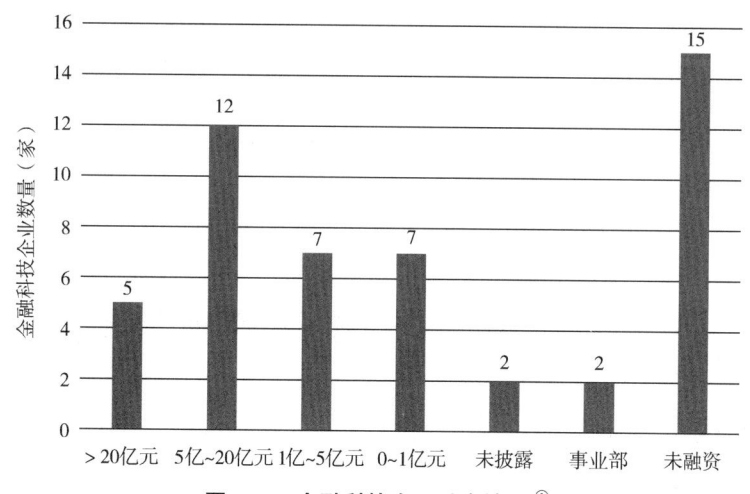

图4-2 金融科技企业融资情况①

---

① 融资金额估算方法:对于美元融资,按照6.5元/美元的汇率计算;对于没能找到准确融资金额,以数亿、数千的方式表达的融资金额,按照最保守方式估计,数亿为一亿、数千为一千。

总体上看，金融科技企业的融资环境较好，优秀的金融科技企业不但能够获得融资，而且获得巨额融资的情况也较多。值得注意的是，融资金额从最高到最低下降很快，前5家20亿元以上融资企业的融资总额占整个金融科技企业总融资额的68.33%。前17家1亿元以上融资总额占整个金融科技企业总融资额的93.20%。

三、金融科技企业融资阶段分析

50家样本中有3家公司已经IPO上市，分别为宜人贷、趣店和融360；趣店是唯一一家进行了E轮融资的公司，融资2亿美元。2家公司被并购，分别是：华塑控股拟溢价近50倍收购控股和创未来（优分期）；掌众金服与香港上市公司中新控股科技集团有限公司（8207.hk）于2016年10月达成战略收购。3家公司进行了战略投资，分别为借贷宝、悟空理财、老虎证券。

完成D轮融资的公司有3家，完成C轮融资的公司有8家，17家互联网企业并未进行任何融资，其中有5家隶属于财力雄厚的公司，如百度金融（百度）、国美金融（国美）、搜易贷（搜狐）、网信理财（网信）、和包（中国移动）。

第二节　北京地区金融科技企业发展情况

目前金融领域创新的重点聚焦在数字技术对金融模式的变革，互联网渠道、数据采集能力和分析能力是变革的主要突破点。移动互联网技术、云计算技术、数据技术、机器学习技术、人工智能技术、区块链技术等的快速发展，使得一些过去不可能提供的金融服务在当前变成了可能，例如，无时空限制的金融服务、精准客户画像、精确风险计量、智能投顾、快速交易验证、联合签名控制以及高精度获客等都在逐步影响着金融服务的内外部模式。

从企业的规模和估值看，中国金融科技企业具有明显优势，而优势主要来源于互联网巨头在开发电子商务方面的强大用户基数。全球最大的5家金融科技独角兽都在中国，这5家公司瞄准了中国市场上近5亿的智能手机用户。大型金融高科技创业企业无不瞄准了支付、借贷，支付、借贷业务几乎占据所有独角兽企业80%的估值，保险、金融服务以及消费理财账户则占据了剩下的20%。

北京发展金融科技具有多重优势：大量国内外企业的总部所在地、大部分金融机构的总部所在地、金融科技行业的监管部门（中国人民银行、银监局等）所在地、拥有科技与工程领域世界排名前列的高校（如北京大学和清华大学等）、中关村科技园区。凭借这些先天的地理优势、政策优势及人才优势，北京地区的金融科技公司也呈现一副欣欣向荣的态势。大数据、机器学习和云计算，也是金融科技公司采用的主流技术。北京金融科技公司的业务多样化，涵盖了大数据及征信、网络借贷、支付服务、综合金融服务、智能投顾及互联网保险等多个领域。

笔者根据金融科技企业对金融业务的影响，从综合服务类金融科技企业、大数据及征信类金融科技企业、消费金融和供应链金融类金融科技企业、互联网借贷类金融科技企业、理财类金融科技企业、移动支付类金融科技企业、其他类金融科技企业等7个大类，分析北京地区金融科技企业的发展特征。

一、综合服务类金融科技企业

综合性金融科技企业依托于集团的互联网线上优势或集团的线下优势，为客户提供支付、征信、信贷、理财、风险、股权众筹等多个领域金融服务。这类金融科技企业具有渠道优势、客户优势、大数据技术优势、资金优势等特点。而对这类企业，监管部门面临以金融科技为核心的综合监管和混业监管的问题。

综合性金融科技企业的建立，需要雄厚的资金实力、庞大的业务量和用户量基础，所以，综合性金融服务公司大多是从大型互联网公司逐渐孵化而成。大型互联网公司先从某一个点涉足金融领域，再不断完善其服务布局，借助自身流量优势，迅速达到一定的规模后，形成能够提供综合性金融服务的格局，并在大数据和人工智能等新技术领域处于金融开拓者的地位，发挥先行作用。由于金融行业有严格的准入限制，各大企业纷纷将金融科技作为渗入金融领域的重要切入点，八大互联网银行的获批、各大公司互联网金融平台的上线证明了这点。

综合性金融科技企业主要是以BAT、京东集团等为依托的金融科技服务公司，其中阿里巴巴和腾讯的注册地分别在杭州和深圳，三巨头中只有百度注册地在北京，但百度金融未能列入世界金融科技的前10名，京东金融在KMPG的排名仅列第9，从这个角度看，北京地区的金融科技企业体量虽大，但领先优势并不明显。

笔者收集的综合服务金融科技企业共有6家，成立最早的是起步于第三方支付的拉卡拉，百度金融和京东金融则依托于母公司强大的互联网业务，国美金融依托于母公司强大的零售网络和客户资源，品钛和宜信则与互联网金融的快速发展有紧密联系。下面以百度金融为例，说明综合服务类金融科技企业的特征（见表4-2）。

第四章 北京金融科技现状分析

表4-2 北京地区综合服务类金融科技企业

编号	代表企业	特 点
1	百度金融	成立于2015年,代表产品是百度钱包、百度理财、百度财富
2	京东金融	成立于2012年,于2013年10月独立运营,七大业务板块——供应链金融、消费金融、众筹、财富管理、支付、保险和证券,推出京保贝、白条、产品众筹、金条、小白理财等多种服务
3	品钛集团	成立于2012年的企乐汇,2016年在积木盒子、读秒、璇玑等业务基础上组建。品钛专注于大数据处理和金融科技研发,为企业和消费者提供智能金融服务和解决方案
4	宜信	成立于2010年,集财富管理、信用风险评估与管理、信用数据整合服务于一体的综合性现代服务业企业
5	拉卡拉	成立于2005年,业务涵盖支付、征信、信贷、理财、股权众筹等多个领域
6	国美金融	2014年上线,国美控股旗下从事金融发展与投资业务的战略管控平台

数据来源:互联网普惠金融研究院整理。

百度于2015年将其旗下的所有金融业务系统整合,成立百度金融服务事业群组(FSG)。百度金融与多家传统金融企业进行了跨界合作,先后成立了百信银行和百安保险;其后,为顺应金融科技发展的趋势,着重布局智能投顾领域。百度金融体系见图4-3。

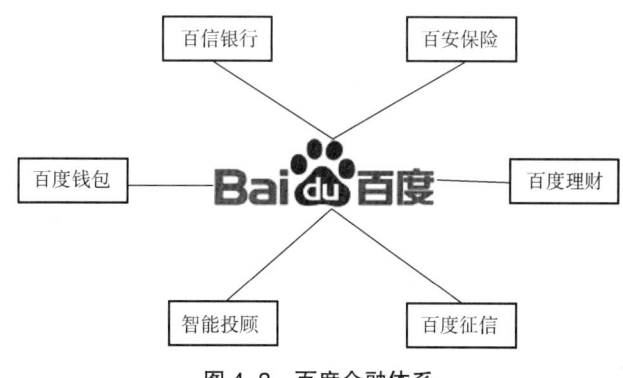

图4-3 百度金融体系

(1)银行业务。2015年11月18日,百度宣布与中信集团达成战略合作,双方共同出资设立了直销银行——百信银行。2017年6月20日,百度与中国农业银行签署战略合作协议，打造智能银行。2017年9月22日，百度与银联商务达成战略合作，双方共同推动以人工智能、大数据、云计算为核心的金融业务升级，以"云＋支付"推动智能化客户服务的跨越式发展。

（2）保险业务。2015年11月26日，百度与安联保险、高瓴资本联合宣布，三方共同发起成立互联网保险公司——百安保险。

（3）支付业务。百度钱包将百度旗下的产品及海量商户与广大用户直接"连接"，提供超级转账、付款、缴费、充值等支付服务，全面打通O2O生活消费领域，同时提供百度金融中心业务，包括提供行业领先的个人理财、消费金融等多样化创新金融服务，为用户提供一站式服务。2015年11月，百度钱包开启"常年返现计划"，打造一个能返现金的钱包，常年立返现金1%起，最高免单，资金实时返还至用户百度钱包账户余额，可提现，可消费，永不过期。

（4）金融理财。2015年年初，百度钱包设立百度理财等理财功能，发力智能投顾系统。借助搜索、O2O及地图等业务积累的海量用户数据，利用人工智能和大数据的结合，精准地分析用户需求，为用户提供智能化的信贷和资产配置等金融服务，使得个人获取金融服务的成本降低，理财效率大大提高。

（5）风控和征信业务。百度金融的风控体系以大数据和人工智能为基础，融合了人脸识别、语音识别等先进的生物识别技术。在征信体系方面，借助大数据，百度得以掌握用户人群画像、行为偏好，并预测未来征信状况，从而扩大授信范围。在2015年百度联盟峰会上，百度金融称其教育信贷采用远程授信，并实现了秒批。百度金融旗下信用贷联盟面向首批进入白名单的联盟伙伴推出大额贷、随时贷等产品。

（6）消费金融。百度消费金融的主要侧重点是教育领域，截至2017年年初，百度已拥有接近3 000家教育合作机构。2017年，百度金融与新华教育集团达成战略合作。

（7）资产证券化。在资产的筛选上，除了传统金融机构常规的尽职调查手段，百度结合自身极强的数据积累与分析能力，通过大数据风控和黑名单筛选，提高资产选择的排查能力。鉴于百度对大数据、人工智能、深度学习等技术的研发，金融资管平台开始为合作机构输出百度的平台模型，加强合作机构对资产的筛选、评级、定价能力。

二、大数据及征信类金融科技企业

金融行业是大数据应用最快也是最广的行业之一，基于信息化的完善和成熟度，以及庞大的数据量和交易量，金融大数据具有广阔的前景。近些年对于金融大数据的探索和创新已经相对成熟，从大数据的框架搭建、系统建设、硬件支持到数据挖掘、大数据应用服务等各个方面的金融科技公司层出不穷。

大数据服务及征信类金融科技企业多为技术输出型公司，以大数据技术为核心，为金融企业提供精准营销模型、风险评估模型、金融数据以及征信信息服务。大数据征信科技企业提高了金融风险识别的精准度，但也面临着数据来源合法性、场景构建、大数据人才缺乏等问题。

笔者收集的大数据及征信类金融科技企业有7家，主要以提供大数据服务或风险评估技术服务为主（见表4-3）。

表4-3 北京地区大数据及征信类金融科技企业

编号	代表企业	特　　点
1	百分点	成立于2009年，产品线涵盖大数据技术层、管理层和应用层，核心产品包括技术层的大数据操作系统（BD-OS），管理层的用户画像标签管理系统，以及应用层的推荐引擎、分析引擎和营销引擎
2	腾云天下	成立于2011年，致力于用数据改变企业决策的方式，是集数据源、系统平台和咨询方案于一体的独立第三方移动数据服务平台

续表

编号	代表企业	特点
3	天云大数据	成立于2013年，树立了金融基础设施的本地化样本工程，包括成功落地某银行A类核心系统的Hadoop分布式计算框架、某人寿保险公司数据仓库消费化、人民银行征信企业关联图谱、某银行信用卡客户画像等金融科技基础设施
4	百融金服	成立于2014年，利用大数据技术为金融行业提供客户全生命周期管理产品和服务。2014年百融金服获得人民银行颁发的企业征信牌照
5	金电联行	成立于2007年，拥有自主知识产权的大数据信用技术体系，以及云数据挖掘、云信用计算和云结构服务三大核心技术
6	天创信用	成立于2015年，天创以"数据+征信+金融"的模式打通金融服务价值链，聚焦农业、园区、行业风控三大重点领域，为客户提供数据服务、大数据风控服务和行业应用产品
7	闪银	成立于2014年，闪银开发的互联网大数据信用评估平台Wecash闪银，依托数据挖掘分析和机器学习技术，将大量个人互联网数据转化为"互联网信用"。连接个人和机构，为个人用户提供便捷的资金借贷、消费分期以及租车、租房、旅游、教育等金融和生活服务

数据来源：互联网普惠金融研究院整理。

下面以百分点为例，说明大数据及征信类金融科技企业的特征。百分点集团成立于2009年，利用大数据、量化模型、机器学习、人工智能、云服务等大数据技术，分析客户行为偏好，刻画客户数字化肖像、构建知识图谱，帮助金融机构更了解自己的客户，以支持场景化营销、用户运营服务、智能投顾、量化投资、风控监管等服务。百分点现有员工600多人，包括2位国家千人计划入选者、30多位博士和来自国内外一流大学与技术公司的300多人的研发团队。截至2016年年底，百分点已完成D轮融资，累计融资额10亿元人民币，创企业级大数据领域融资最高纪录。投资方包括IDG、高瓴、光大证券、浙报传媒等。

技术、应用、数据是百分点的三大核心竞争力。技术上，百分点拥有成熟的大数据技术与管理平台，以及高性能的实时与离线计算能力和丰富的算法库及商业模型；应用上，百分点基于三大核心引擎的全业务驱动产品体系帮助企业深入挖掘大数据的商业价值；数据上，百分点拥有5.5亿用户画像和1亿商品画像，致力于在保障用户隐私及数据安全的前提下融合数据，推动数据流转，消除企业信息孤岛。

百分点已为近2 000家互联网及实体企业提供大数据技术平台搭建和大数据驱动的SaaS应用，客户涵盖制造、金融、汽车、零售、快消、电商、媒体等行业的龙头企业，如华为、TCL、长虹、建设银行、华夏银行、王府井百货、汤臣倍健、1号店、第一财经和中关村在线等。百分点还与微软、华为、惠普等国际IT巨头开展战略合作，共同为客户设计解决方案。

三、消费金融、供应链类金融科技企业

消费金融、供应链类金融科技企业的核心优势是对金融风险控制能力的掌握，以及消费场景、供应链场景、大数据的获取。消费金融、供应链类金融科技企业的主要方式是寻找战略合作伙伴，提供金融风险服务。

这类企业具有相对明确和完善的商业模式，创新空间有限。但在商业模式以外，也不乏在消费场景、消费产品等方面的创新，更是出现了如大学生"裸贷"等问题众多的创新，消费金融的创新应不偏离其消费场景和风险管理的特征。不管是平台自有场景还是通过商务合作、跨界合作的消费场景，合理合法的消费场景是基础，基于消费行为、消费习惯、消费记录等方面的消费大数据构成风险管理的有利依托，通过消费大数据的收集和分析，使得人人使用无抵押的消费贷款成为可能消费大数据，更可以成为重要征信信息的补充。

笔者收集的消费金融、供应链类金融科技企业有4家，主要是为某个产业链或某个消费领域的客户提供融资服务的金融科技企业（见表4-4）。

表 4-4 北京地区消费金融、供应链类金融科技企业

编号	代表企业	特　点
1	趣店	成立于 2014 年，2016 年升级为趣店集团，致力于为非信用卡用户提供实物分期与现金分期服务
2	量化派	成立于 2014 年，基于机器学习和互联网化的风险定价，整合互联网及传统数据源，帮助个人及小微企业证明经济财务等状况，从而快速获得低成本贷款。信用钱包是量化派旗下产品，通过 APP、微信及第三方接口，提供消费信贷及消费场景下的白条服务
3	掌众金融	成立于 2014 年，专注大数据风控和金融科技研发，致力于打造开放的金融云生态平台
4	安心 de 利	成立于 2014 年，是专注于农牧业产业链的金融科技平台

数据来源：互联网普惠金融研究院整理。

下面以趣店为例，说明消费金融、供应链类金融科技企业的特征。北京快乐时代科技有限公司（趣店集团）成立于 2014 年 4 月，提供实物分期与现金分期服务。北京快乐时代科技有限公司成立之初即获得 5 位天使投资人的风险投资，上线一个月获得蓝驰创投数百万美元 A 轮投资，2014 年 8 月获得源码资本、原高盛亚洲总裁托马斯（Thomas Chan）以及蓝驰创投 3 家机构的联合注资。2014 年 12 月获得源码资本等多家顶级风投 1 亿美元的 C 轮投资。2015 年 3 月，上市公司昆仑万维再次注资 1 亿美元。2015 年 8 月，趣店与蚂蚁金服（支付宝）达成战略合作伙伴关系，并获得了蚂蚁金服领投的 2 亿美元融资，该笔融资将用来深耕校园市场，打造校园消费生态体系。2016 年 7 月，北京快乐时代科技有限公司获得凤凰祥瑞、联络互动等联合领投，老股东跟投约 30 亿人民币首期 Pre-IPO 系列融资。2016 年 10 月，上市公司国盛金控收购趣店集团 5% 股权，作价 3.75 亿元。2017 年 10 月，IPO 融资 9 亿美元。同时，北京快乐时代科技有限公司宣布正式升级为趣店集团，致力于为中国 5 亿非信用卡用户提供实物分期与现金分期服务。

趣店 2015 年营业收入 2.33 亿元，净亏损 5.42 亿元；2016 年 1—7 月营业

收入4.78亿元,净利润1.57亿元,在2016年年初获得全国性网络小额信贷牌照。

通过分析百万用户行为数据,搭建精准风险定价模型,趣店为用户提供定制化信用产品。低额度、短周期是公司产品特色,符合蓝领用户的合理消费场景和偿还能力,有利于公司更快的调整风险定价模型。趣店提供实物分期与现金分期的服务,并与多家知名品牌如戴尔、华硕、联想、小牛电动车、OPPO手机、vivo手机等公司达成长期合作。

四、互联网借贷类金融科技企业

互联网借贷类金融科技企业是互联网金融中风头最劲也是问题最多的一类企业,是导致互联网金融整治的重要因素之一。网络借贷平台企业仅仅依靠了互联网的渠道优势,在IT技术特征方面表现并不突出,在风险识别方面也未呈现出相对传统金融机构的更多优势。

但是,网络借贷平台解决了很多客户的贷款融资需求,给金融消费者提供了更多的选择,增加了金融服务产品和渠道的多样性。

互联网借贷类金融科技企业的设立门槛相对较低,成为很多机构涉足和试水金融科技的首选,这类企业数量庞大,既有大型企业的金融布局,也有专注借贷业务的平台,更有传统线下平台的互联网化。

笔者收集的互联网借贷类金融科技企业有20家,主要是提供互联网网络借贷服务的金融科技企业(见表4-5)。

表4-5 北京地区互联网借贷类金融科技企业

编号	代表企业	特点
1	人人贷	成立于2010年4月,是人人友信旗下专业的网络借贷信息中介服务平台
2	搜易贷	成立于2014年,是搜狐集团旗下的互联网金融平台、中国互联网金融协会理事单位,现已基本完成房产和汽车两大垂直行业的全产业链互联网金融产品布局

续表

编号	代表企业	特　　点
3	有利网	成立于2012年，致立于成为互联网金融服务的引领者
4	短融网	成立于2014年，是专注于短期投融资业务的创新型互联网金融平台
5	向上金服	成立于2013年，致力于打造专业、公平、透明的网络借贷信息中介服务平台
6	爱钱进	成立于2014年，为用户提供简单、公平的互联网金融信息服务
7	翼龙贷	成立于2005年，专注为广大三农、小微企业提供P2P借贷服务
8	借贷宝	2015年上线，首创单向匿名模式，客户通过借贷宝APP可以向好友借款，实现直接金融交易
9	网信理财	成立于2013年，基于持续创新与不断升级的支付引擎与数据引擎两大支撑体系，布局资产管理、交易平台、财富管理三大业务系统
10	金联储	2014年上线，提供金融产品信息展示及网络借贷服务。依托金银岛十几年的风控经验。是综合金融资产交易信息服务平台，专注产业链金融
11	好贷网	2013年上线，是贷款搜索和服务匹配平台。2013年8月，好贷网以会员身份发起建立中关村互联网金融行业协会
12	银湖网	成立于2014年，是熊猫烟花集团投资1亿元注册成立的互联网金融平台
13	金信网	成立于2013年，是金信金融信息服务（北京）有限公司打造的互联网金融信息服务平台
14	安心贷	2011年上线，是君安信（北京）科技有限公司的独立品牌
15	普惠家	2015年上线，是金诺峰网络科技（北京）有限公司推出的网络借贷信息中介服务平台
16	网利宝	2014年上线，是北京网利科技有限公司旗下创新的互联网金融平台，致力于为投资用户提供灵活优质、快捷方便的网贷信息中介服务
17	冠e通	2011年上线，是冠群驰骋自主研发运营的互联网金融服务平台
18	优分期	成立于2014年，是和创金服旗下针对年轻人群的互联网金融服务平台
19	易通贷	成立于2011年，是P2P网络投融资平台
20	理财范	2014年上线，定位于为中小企业提供P2B模式的投资贷款和理财网站

数据来源：互联网普惠金融研究院整理。

下面以人人贷为例，说明互联网借贷类金融科技企业的特征。人人贷商务顾问（北京）有限公司成立于2010年，是人人友信旗下专业的网络借贷信息中介服务平台。作为中国最早的网络借贷信息中介服务平台之一，人人贷致力于为高成长人群提供专业的线上信贷及投资撮合服务。人人贷是首批接入中国互联网金融协会互联网金融等级披露服务平台的互联网金融企业,并于2016年2月完成银行资金存管。2014年,人人友信获得1.3亿美元A轮融资。

人人贷是典型的互联网借贷平台,该平台既提供投资服务也提供借款服务。从投资者角度看,投资者可以选择散标,也可以选择U计划。

针对散标投资,投资者可以看到一些借款人信息,但针对所有的互联网借贷平台来说,都会隐藏一些信息。从借贷平台提供的信息中,投资者实际上很难做出借款人信用程度和未来能否还款的判断,投资者只能相信互联网借贷平台。

针对U计划,根据人人贷网站资料,U计划是"人人贷为您提供的本金自动循环出借及到期自动转让退出的投标工具,并由系统为您实现分散投标,更好地满足您多样化的出借需求。您出借所获得的利息可选择循环出借(到期一次性领取本金和利息)或每月领取利息(到期领取本金),不同的利息处理方式对应的期待年回报率不同,具体以您在加入时页面展示的相应期待年回报率为准。期待回报不代表对实际利息回报的承诺,出借人需自行承担资金出借的风险与责任;网贷有风险,出借需谨慎"。从某种程度上,类似U计划这样的产品在各互联网借贷平台普遍存在,系统自动出借和自动转让退出,对于投资者来说相对便捷,但投资者能见到的借款人信息就更加有限了。

根据《网络借贷信息中介机构业务活动管理暂行办法》的规定,网络借贷平台不能提供担保,人人贷也响应监管要求,在2017年11月取消了风险备付金机制。但投资者不能见到借款人的所有材料,借款人尽职调查也由网络借贷平台去做,但网络借贷平台又不承担最终借款人不能还款的任何责任,这是《网络借贷信息中介机构业务活动管理暂行办法》实施后,投资者的权益如何保障与互联网借贷信息中介平台定位间存在的一个逻辑"悖论"。从逻辑上讲，目前网络借贷平台以何种经营模式经营才能合规，还需要监管部门监管实践的探索，网络借贷平台何去何从仍是未知数。

人人贷 2017 年运营报告显示，2017 年累计成交 462 亿元，累计成交 62 万笔，注册用户达 550 万人。

五、投资管理、智能投顾、互联网证券类金融科技企业

投资管理、智能投顾、互联网证券类金融科技企业可以归入理财类金融科技企业，主要分为 5 类：第一类具有金融超市属性，将不同金融机构发行的金融产品汇集在一个平台，平台不提供金融资产，是作为理财信息的通道，是真正意义上的金融信息中介，但不是信贷业务的信息中介；第二类是金融平台提供金融资产，或是以平台自身或关联企业的资产作为理财产品的金融资产来源，或是自己寻找金融资产，将一些有贷款需求的客户进行集合，形成一些以平台作为理财产品发行方的系列性理财产品，这些金融资产或多或少都具有一定的不合法性；第三类是介于第一类和第二类之间，既有自己的理财产品，也有其他金融机构的理财产品；第四类是在第一类平台基础上，通过提供投顾的概念为客户提供金融理财服务，其核心的卖点是理财师团队或智能投顾；第五类则是提供证券交易服务的平台，通过与证券交易所、各证券公司、期货交易所等金融机构的对接，为客户提供证券买卖的通道服务，并提供证券投资分析及基金理财等辅助金融服务。

随着我国人民生活水平的不断提高，资产规模不断扩大，仅 2017 年前三季度人民币储户存款增加值就达到 4.48 万亿元。客户需求的不仅是更加多样的投资渠道和投资产品，更希望投资更加便捷、透明、合理，同时能获得高收益。投资顾问服务已经不是高端客户和私人银行的专属，智能投顾希望通过技术手段，让更多的人可以获得"投资顾问"的服务。

笔者收集的理财类金融科技企业有 7 家，主要是提供理财渠道、投资顾问、投资渠道等金融服务的金融科技企业（见表 4-6）。

表 4-6 北京地区理财类金融科技企业

编号	代表企业	特　点
1	融 360	成立于 2011 年，是一个金融产品的搜索、推荐和服务平台。业务范围涵盖贷款、信用卡与理财
2	资配易	成立于 2014 年，公司以"让资产配置更简单、更高效"为使命，致力于将人工智能技术运用于资产管理行业
3	真融宝	2014 年上线，是一站式大众（理财）资产配置平台
4	悟空理财	2014 年上线，被视为业内"微信 + 金融"的经典模式。是玖富集团旗下品牌，是中国互联网金融理事单位
5	凤凰金融	成立于 2014 年，是凤凰卫视打造的智能投资理财平台
6	老虎证券	成立于 2014 年，依托互联网技术提高金融服务效率，实现一个 APP 可以投资全球证券市场
7	小诺理财	成立于 2015 年，是诺远科技旗下互联网金融服务平台

数据来源：互联网普惠金融研究院整理。

下面以融 360 为例，说明理财类金融科技企业的特征。融 360 隶属北京融世纪信息技术有限公司，成立于 2011 年 10 月，是一家典型的金融超市平台，为个人消费者和小微企业提供金融产品的搜索、推荐和申请服务，业务范围涵盖贷款、车贷、房贷、信用卡与理财。

公司于 2015 年 10 月完成 D 轮融资，由云锋基金、赛领基金领投，红杉资本及 StarVC 跟投，融资金额超过 10 亿元人民币。此前三轮的投资机构主要有光速安振（Lightspeed），红杉中国基金、淡马锡旗下兰亭投资、凯鹏华盈（KPCB）、华兴资本和清科集团（Zero2IPO）。融 360 旗下简普科技（NYSE：JT）于 2017 年 11 月 16 日在纽约证券交易所成功上市。

融 360 平台自身不产生任何资产，平台上的金融产品全部来自银行、小额贷款公司、消费金融公司、担保公司、典当行、互联网金融公司等机构，平台收入来自渠道服务。

融360获得贷款申请超过30 000亿元，获批3 000亿元，已成为多家银行重要的信用卡发卡渠道，同时也是网络用户获取线上金融服务（包括个人金融教育）的重要入口之一。从2014年起，融360开始打造基于大数据的"天机"风控系统，2016年3月，"天机"2.0版本上线，接入了近30家信用服务供应商。

六、移动支付类金融科技企业

第三方支付是互联网金融中最成功的案例，支付宝和微信支付让金融服务遍布城乡，实现了金融支付走向全国各地，甚至走向国外的目标，在支付方面实现了更大范围的普惠金融。

笔者收集的移动支付类金融科技企业有两家，主要是提供第三方支付业务的金融科技企业（见表4-7）。

表4-7 北京地区移动支付类金融科技企业

编号	代表企业	特点
1	和包	2011年上线，是中国移动面向个人和企业客户提供的一项领先的综合性移动支付业务
2	钱方好近	成立于2012年，是一家线下商户SaaS服务平台。通过与微信支付深度合作，以支付切入，专注附近的写字楼商圈、社区、高校的密集商户群

数据来源：互联网普惠金融研究院整理。

下面以和包为例，说明移动支付类金融科技企业的特征。和包（原名"手机支付""手机钱包"）是中国移动面向个人和企业客户提供的一项综合性移动支付业务，由中移电子商务有限公司管理，旨在让客户享受方便快捷、丰富多彩、安全时尚的线上、线下支付体验。

中移电子商务有限公司备案在湖南长沙，2011年6月由中国移动通信集团湖南有限公司全资成立，2011年12月获得支付业务许可证。公司前身是湖南移动承建的中国移动电子商务基地，为承担中国移动全网手机支付、手机钱包业务的平台建设、产品研发及业务运营的唯一机构，业务范围覆盖全国。在本书中将其作为北京公司考虑。

客户开通和包业务，即享方便快捷的线上支付（互联网购物、充话费、生活缴费等）；持NFC（near field communication，即近距离无线通信技术）手机和NFC-SIM卡的用户，可享和包刷卡功能，把银行卡、公交卡、会员卡装进手机里，实现特约商家（便利店、商场、公交、地铁等）线下消费。

截至2017年12月31日，中国移动和包已与100多家全国及地方性银行建立合作，接入数万个商户，覆盖全国近千种生活缴费服务，遍及全国近400个城市。中国移动2016年年报显示，中国移动和包累计交易额突破1万亿元。2017年双十一当天中国移动和包支付总成交金额超70亿元，手机客户端UV破50万、PV破100万，均创历史新高。

七、其他类金融科技企业

金融科技中不得不提的技术就是区块链，区块链以其去中心化、不可篡改等特征获得了许多人的"芳心"。尽管近期首次币发行（initial coin offering，ICO）在全球受到监管，但区块链对未来金融的冲击仍将显现。另外，众筹是互联网金融三大主力中最不温不火的一种，尚未得到证监会的认可，但互联网众筹行业问题相对最少。笔者收集的其他类金融科技企业有4家，见表4-8。

表 4-8 北京地区其他类金融科技企业

编号	代表企业	特点
1	太一云科技	成立于 2016 年，为新三板上市的区块链企业。在应用方面，向客户提供基于二代区块链基础设施的数字资产交易系统、征信系统、防伪认证等服务
2	星火乐投	成立于 2016 年，凭借在分布式计算、数据模型、人工智能等领域的技术积淀，依托专业的风险管理模型，星火乐投搭建起一个透明、包容、智慧的平台环境，提升金融资源的配置效率，推动科技与创新的发展
3	人人投	是成立于 2014 年的互联网股权众筹平台
4	天使街	是成立于 2014 年的互联网股权众筹平台和投融资社交平台

数据来源：互联网普惠金融研究院整理。

1. 太一云科技

北京太一云科技有限公司成立于 2015 年，与多个行业联盟和协会联合推进区块链在中国社会治理、应用安全、技术标准、技术设施建设等方面的应用和落地，同时联合发起可信区块链联盟 CreditLedger，促进中国可信区块链生态圈的健康发展。

太一云科技构建了具有自主知识产权的太一区块链应用体系，致力于为各个行业互联网应用层提供稳定的区块链基础设施、便捷的中间工具和可靠的解决方案。太一团队自 2014 年就开始投入研究区块链，太一区块链系统已承载 60 万到 70 万笔交易。

太一云科技区块链应用已经在供应链金融、虚拟商品流转、商品权证登记、国有资产流转、知识产权流转与运营、电子病历健康档案共享等领域形成了一批专业解决方案，在区块链产业化实践中形成了太一云科技独特产业化发展的基础设施驱动模式，充分发挥了太一云区块链基础设施的作用。

太一云科技在行政、商业、个人及企业信用等社会活动中植入区块链基因，改变人们对传统信用机制的认知，为创造崭新的诚信智联网生态环境提供普适化的基础设施和解决方案。太一超导网络是一个建立在太一区块链之上的、支持多类数字资产无损耗转账的新型网络，可以实现高并发的交易。

2. 星火乐投

星火乐投是星火金融旗下的互联网众筹平台，其运营公司星火乐投信息服务有限公司成立于2016年，注册资金5 000万元。星火金融网站运营公司——金葵花网络科技有限公司，成立于2014年，注册资金1.5亿元。星火乐投荣获金融科技介甫奖"金融科技影响力TOP30"和"年度创新性金融科技孵化器"双向荣誉。

星火金融凭借其在分布式计算、数据模型、人工智能等领域的技术积淀，依托专业的风险管理模型搭建平台，提升金融资源的配置效率。星火乐投APP提供项目展示、支付、交流等核心功能，用户可以选择中意的项目、通过交流功能与项目发布者进行充分的沟通、了解权益类或股权类项目最新进展。

3. 人人投

人人投是北京人人投网络科技有限公司运营的互联网众筹平台，成立于2014年2月，注册资金1 590万元，专注于实体店的股权众筹，为实体企业提供融资服务，帮助融资方快速融资开分店。人人投的项目以身边的特色店铺为主，投资人主要是以草根投资者为主；聚焦酒店、民宿、餐饮、教育、生活等实体大消费行业。项目方必须具备两个店以上的实体连锁体验店，项目方最低投资10%。其平台众筹模式有3类，分别为分红型、收益型、消费或产品型。

截至2017年12月31日，人人投成功众筹金额达9.69亿元，会员

292.4万人，成功众筹项目413个，单项目最高众筹金额2 800万元，市场估值突破10亿元。

4. 天使街

天使街在2014年4月由多家专业投资机构共同创办，注册资金582.9万元，定位于股权众筹平台与投融资社交平台，是中国证券业协会首批8家备案的众筹平台之一。

天使街基于科技创新和金融创新两大支撑体系，布局众筹、基金、孵化器三大业务板块，致力于打造共享、智能的创新金融与创业服务生态系统。天使街专注于生活服务领域，以社区众筹为核心，为小微创业企业提供一站式投融资综合解决方案，在融资的同时，提供创业辅导、资源对接、宣传报道等优质增值服务。

截至2017年12月31日，天使街已在全国成立50余家子公司，累计服务企业超过400家，上线融资额20亿，平均融资周期14天。

八、传统金融机构的发展与反击

（一）中国民生银行通过直销银行破局

中国民生银行是国内第一家真正意义上的民营银行。面对互联网金融的影响，民生银行2014年率先推出直销银行，通过Ⅱ类账户和互联网弥补其网点不足的短板，争夺高端理财业务。根据民生银行年报，2015年年末直销银行年累计客户数达286.72万户，2016年12月突破500万户大关。2017年，民生银行直销银行客户超过1 000万户，资产超过1 000亿元。

（二）中国工商银行的电商反击

在电商企业频频蚕食传统金融业务领域的时，传统金融机构也在尝试向电商业务发展，从简单的积分商城逐渐发展到互联网电商。中国工商银行的"融e购"商城于2014年1月12日正式营业，整合客户与商户，链接支付与融资，统一物流、资金流与信息流，努力打造客户喜爱的消费和采购平台、商户倚重的销售和推广平台、支付融资一体化的金融服务平台、"三流合一"的数据管理平台。根据工商银行2016年年报，2016年年末，"融e行"手机银行平台客户达2.53亿户，交易额超过21万亿元，较年初大幅增长91%；"融e购"电商平台年交易额达1.27万亿元；"融e联"即时通信平台客户达6649万户，是年初的12.4倍；网络融资新增1 057亿元，规模达到6 293亿元，成为国内最大的网络融资银行。

2017年6月16日，工商银行与京东金融在北京签署金融业务合作框架协议，在金融科技、零售银行、消费金融、企业信贷、校园生态、资产管理、个人联名账户等众多领域展开全面、深入的合作，将利用大数据、人工智能、云计算等科技，在联合获客、用户运营、智能风控、服务创新、流程优化等方面推动双方发展。

（三）中国农业银行联手百度

2017年6月20日，中国农业银行宣布联手百度打造智能银行。双方将共建"金融科技联合实验室"，合作主要在金融科技领域开展，共建金融大脑，在客户画像、精准营销、信用评价、风险监控、智能投顾、智能客服等方面进行具体应用，围绕金融产品和渠道用户展开全面合作。

（四）中国建设银行牵手蚂蚁金服

2017年3月28日，中国建设银行与阿里巴巴（中国）有限公司、浙江蚂蚁小微金融服务集团股份有限公司签署战略合作协议。根据协议和业务合作备忘录，将在建行信用卡线上开发业务、线上和线下渠道业务或者电子支付业务等方面合作，打通信用体系。

四大国有银行中，已有三家选择与互联网领军企业合作，面对金融科技带来的冲击。近年来，国有银行面临利润高而涨幅小、监管机构加强表外金融资产管理等压力，亟须寻找新的利润增长点和资产扩充渠道，寻求结构性转型，嫁接有实力的互联网技术，打造数字化的技术支撑，促进互联网模式的融合和创新。

第五章
北京金融科技发展环境分析

第一节　北京地区金融科技发展政策

金融科技在大幅提升金融服务能力方面的重要作用已毋庸置疑。为积极引导金融科技对经济发展的支持作用和消除金融创新带来的风险，在全国性政策确定的框架下，国务院及北京市政府等有关机构积极制定相关政策，出台指导意见，引导金融科技健康发展。政策是金融科技的灵魂，是政府发展金融科技的关键手段。金融科技相关政策见表 5-1。金融科技政策是包含政策、管理制度和法律法规在内的相对宽泛的概念。

表 5-1　金融科技相关政策一览表

序号	文件名	发布日期	发布单位	主要内容
1	国务院办公厅关于金融支持经济结构调整和转型升级	2013 年 7 月	国务院	民营银行准入
2	关于加快推进石景山区国家服务业综合改革试点区发展的意见	2013 年 7 月	北京市政府	加快推进建设石景山区产业基地

续表

序号	文件名	发布日期	发布单位	主要内容
3	石景山区支持互联网金融产业发展办法（试行）	2013年8月	北京石景山区政府	互联网金融产业发展
4	海淀区关于促进互联网金融创新发展的意见	2013年10月	北京海淀区政府	互联网金融创新
5	关于支持中关村互联网金融产业发展的若干措施	2013年12月	中关村科技园区管理委员会	中关村互联网金融产业发展措施
6	关于大力推进体制机制创新，扎实做好科技金融服务的意见	2014年1月	一行三会、中华人民共和国科学技术部、知识产权局	大力推动体制机制创新，促进科技和金融的深层结合，支持国家创新体系建设
7	关于加快中关村科技金融创新中心的实施意见	2014年10月	北京海淀区政府	以促进资本与技术有效对接为目标，不断深化促进科技开发、成果转化和高新技术产业发展
8	北京市融资性担保机构担保业务风险分级指引（试行）	2015年5月	北京市金融工作局	促进北京市融资性担保行业发展
9	关于积极推进"互联网+"行动的指导意见	2015年7月	国务院	指明了互联网金融的发展方向
10	关于促进互联网金融健康发展的指导意见	2015年7月	国务院	互联网金融顶层设计
11	互联网保险业务监管暂行办法	2015年7月	中国保险业监督管理委员会	定义互联网保险，对经营区域、经营规则提出要求
12	关于对通过互联网开展股权融资活动的机构进行专项检查的通知	2015年8月	中国证券业监督管理委员会	规范通过互联网开展的股权融资活动，对机构凭条进行专项检查
13	北京市推动科技金融创新支持科研机构科技成果转化和产业化相关政策指引和解读	2015年8月	北京市金融工作局	鼓励金融机构为科研机构提供科技金融服务
14	中共中央关于制定国民经济和社会发展第十三个五年规划的建议	2015年11月	国务院	互联网金融首次写入中央五年规划

续表

序号	文件名	发布日期	发布单位	主要内容
15	北京市人民政府关于积极推进"互联网+"行动的实施意见	2016年1月	北京市人民政府	"互联网+"实施建议
16	关于支持银行业金融机构加大创新力度开展科创企业投贷联动试点的指导意见	2016年4月	中国银行业监督管理委员会、科学技术部、中国人民银行	银行业金融机构加大创新力度，开展科创企业投贷联动
17	关于进一步做好互联网金融风险专项整治清理整顿工作的通知	2016年4月	中国人民银行等十几个部门	做好互联网风险整治工作，做好比特币交易平台、现金贷等清理工作
18	网络借贷信息中介机构业务活动管理暂行办法	2016年8月	中国银行业监督管理委员会联合工业和信息化部、公安部以及国家互联网信息办公室	规范网络借贷领域的健康发展
19	北京市大数据和云计算发展行动计划（2016—2020年）	2016年8月	北京市人民政府	大数据和云计算发展计划
20	银行卡受理终端安全规范	2016年9月	中国人民银行	政府监管银行领域
21	关于2017年深化经济体制改革重点工作意见	2016年9月	国务院	金融发展指导性文件
22	互联网金融风险专项整治工作实施方案的通知	2016年10月	国务院	互联网金融行业监管
23	北京市"十三五"时期金融业发展规划	2016年12月	北京市金融工作局、北京市发展和改革委员会	金融业战略布局
24	关于金融支持制造强国建设的指导意见	2017年3月	一行三会、工业和信息化部	改善金融业结构，布局中国制造2025
25	中关村国家自主创新示范区促进科技金融深度融合创新发展支持资金管理办法	2017年4月	中关村科技园区管理委员会	提出互联网技术的新金融支持政策和金融支撑体系
26	央行宣告成立金融科技（FinTech）委员会	2017年5月	中国人民银行	研究金融科技的影响

续表

序号	文件名	发布日期	发布单位	主要内容
27	中国金融业信息技术"十三五"发展规划	2017年6月	中国人民银行	提出"十三五"金融业信息技术工作的指导思想、基本原则、发展目标、重点任务和保障措施
28	关于进一步加强金融审判工作的若干意见	2017年8月	最高人民法院	对以金融创新为名掩盖金融风险、规避金融监管、进行制度套利的金融违规行为,要以其实际构成的法律关系确定其效力和权利义务
29	关于将非银行支付机构网络支付业务由直连模式迁移至网联平台处理的通知	2017年8月	中国人民银行	支付机构受理的涉及银行账户的网络支付业务全部通过网联平台处理
30	处置非法集资条例(征求意见稿)	2017年8月	国务院	提出非法集资行为特征及处理办法
31	关于防范代币发行融资风险的公告	2017年9月	一行三会、中国中央网络安全和信息化委员会办公室、工业和信息化部、工商总局	停止代币发行融资活动、不得从事法定货币与"虚拟货币"相互兑换
32	中关村国家自主创新示范区促进科技金融深度融合创新发展支持资金管理办法实施细则(试行)	2017年9月	中关村科技园管理委员会	支持金融机构聚焦服务中关村创新创业主体,促进中关村示范区重点产业和企业发展
33	关于进一步推动中关村国家自主创新示范区科技金融专营组织机构创新发展的意见	2017年9月	中国人民银行营业管理部、银监会北京监督局、中关村科技园管理委员会	为强化金融对北京加强全国科技创新中心建设,加快建设中关村示范区在科技创新中的支撑作用而提的意见。
34	关于进一步加强无证经营支付业务整治工作的通知	2017年11月	中国人民银行	全面检查持证机构违规为无证经营支付业务机构提供支付清算服务的行为
35	关于规范金融机构资产管理业务的指导意见	2018年4月	一行三会、国家外汇管理局	按照资管产品类型指定统一的监管标准

续表

序号	文件名	发布日期	发布单位	主要内容
36	关于做好P2P网络借贷风险专项整治整改验收工作的通知	2017年12月	中国银行业监督管理委员会	P2P网贷成为第一个有整改验收直接指导文件的业态
37	关于规范整顿"现金贷"业务的通知	2017年12月	中国人民银行、中国银行业监督管理委员会	规范整顿开展现金贷业务的小贷公司、P2P、银行业金融机构等

数据来源：互联网普惠金融研究院项目组整理。

根据梳理的资料，2013年以来中央和北京市共发布金融科技相关政策文件37个，其中国务院文件7个，涉及互联网金融健康发展指导意见、互联网金融监管及金融整治等方面；中国人民银行发布12个（其中8个为联合发布），涉及加强银行业金融机构科技创新、防控互联网风险、第三方支付业务及金融科技研究等方面；银监会文件9个（其中8个为联合发布），涉及促进金融科技结合、规范P2P网络借贷及防控金融风险等方面；中国保险监督管理委员会（简称"保监会"）文件5个（其中4个为联合发布），涉及互联网保险等方面；中国证券监督管理委员会（简称"证监会"）文件5个（其中4个为联合发布），涉及规范互联网股权融资等方面；北京市政府、金融工作局及相关部门发布文件8个，涉及地方金融科技发展政策等方面；中关村科技园区管理委员会发布文件4个（其中1个为联合发布），涉及支持中关村发展金融科技等相关措施。

国务院作为政策顶层设计者，2017年11月成立了国务院金融稳定发展委员会，这代表着金融强监管时代的来临。随着一系列监管政策的落地，如2015年7月发布互联网金融顶层设计、发展方向的指导意见，2015年11月将互联网金融首次写入中央五年规划，2016年10月颁布互联网金融风险专项整治工作的实施方案，2017年8月征求处置非法集资条例，体现了国务院依法监管，高度重视金融风险防范，提出了对未来金融长远健康发展的明确要求。

一行两会[①]按照适度监管、分类监管、协同监管、创新监管的原则，建立和完善互联网金融的监管框架，科学地界定各种业态的业务边界和准入条件，落实金融监管部门之间的分工和责任。同时，一行两会还要明确底线，保护合法经营，打击违法和违规经营。2017年是金融科技监管最严格的一年，一行三会密集发文，清理整顿力度加强，2017年5月中央银行成立了金融科技委员会，在《中国区域金融运行报告（2017）》中提出，探索将规模较大、具有系统重要性特征的互金业务纳入宏观审慎评估体系（MPA）。

北京市各区政府也在利用区位优势和产业政策积极培育、扶持金融科技企业的发展。海淀区政府2013年10月19日正式发布了《关于促进互联网金融创新发展的意见》，提出了多项吸引互联网金融机构聚集的优惠政策，如在租房补贴、北京户口、工作居住证、子女入学及公租房等方面给予相关机构及从业人员优惠。意见颁布之后，海淀区在集聚互联网金融机构方面优势明显。石景山区政府于2013年8月30日发布了《石景山区支持互联网金融产业发展办法（试行）》，提出在中关村科技园区石景山园建设互联网金融产业基地，鼓励互联网金融企业在石景山区设立和发展，并提供金融创新资金、人才、环境等支持。

其他相关部门也十分重视金融科技的发展，积极制定了相关政策解读、指引和意见。例如，北京市金融工作局在2015年8月发布《北京市推动科技金融创新支持科研机构科技成果转化和产业化相关政策指引和解读》，鼓励金融机构为科研机构提供科技金融服务。最高人民法院在2017年8月发布《关于进一步加强金融审判工作的若干意见》，要求对以金融创新为名掩盖金融风

---

① "一行两会"指中国人民银行、中国银行保险监督管理委员会、中国证券监督管理委员会。

险、规避金融监管、进行制度套利的金融违规行为，以其实际构成的法律关系确定其效力和权利义务。

中关村作为北京加强全国科技创新中心建设的主要载体，是我国第一个国家自主示范区，是我国金融科技的风向。从 2013 年 12 月发布支持中关村互联网金融产业发展的若干措施到 2017 年一系列的促进金融科技深度融合创新发展支持资金管理办法的落地，中关村秉承"先行先试"的创新理念，着眼于科技创新的完整生命周期，力推打造健康的金融服务体系。

北京地区先后出台多项推进金融科技的政策，但政策的全面性和普适性不强，金融科技企业的发展需要更多、更加全面的金融政策和优惠措施支持。

第二节　北京地区金融科技发展潜力及特点

北京地区金融科技发展潜力巨大。作为中国的经济政治文化中心，北京拥有国内顶级的高等教育学府和科学研究机构，具有数字技术发展的优良土壤。具体表现如下。

一、北京地区辐射作用突出

北京通过建设全国科技创新中心，发挥在京的各类资源优势，同时提升创新技术服务，加快科技成果转移与转化，促进京津冀协同发展，带动长江经济带和"一带一路"的建设，引领全国科技创新，辐射带动全国发展，带动国家实现创新型经济的转型。

二、北京汇聚各类高校资源

除清华大学、北京大学这类顶尖学府，北京还有北京交通大学、北京邮电大学、中国传媒大学等各类型学校源源不断地为社会输送人才；中央和地方各类科研院所 400 余所，科技类企业 40 万家，经认定的国家高新技术企业 12 400 家，居全国首位。据统计，截至 2015 年 6 月，北京共有 91 所高校，其中"211"及"985"高校 26 所，每年大量的高校毕业生是创业者人才储备的重要来源。

三、北京地区创业环境浓厚

北京团市委主导的《北京市创业青年群体调查报告》显示，截至 2013 年年底，5 年内在北京工商注册登记的、年龄在 18 至 40 周岁之间的创业者共有 57.15 万人。这些创业者中有大约 30% 的已实现盈利，40% 的创业者能够实现收支平衡，其余 30% 的创业者还没有实现收支平衡。大多数创业者聚集在海淀区（9.86 万人）中关村、上地地区，以及朝阳区（13.92 万人）的建外、三里屯以及望京地区。创业者平均年龄 32.25 岁，大多数创业者是大学毕业后工作 4~7 年后辞职加入创业大军的。

四、北京是国内最大的金融科技投资市场

北京投资市场已逐渐成熟，在全球范围内也仅次于硅谷。2015 年北京获得了全国 65% 的金融科技投资额。安永测算我国在 2016 年对金融科技领域的直接投资达到了 560 亿元人民币，北京在金融科技领域的融资额超过了硅谷。2010 年，我国确定了北京市中关村国家自主创新示范区、上海市、江苏省等地作为科技金融试点。中关村是我国第一个国家自主示范区，是金融科技发展的风向标，经过多年的努力已经找到了适合自己的金融科技发展模式，并取得了一定的成效。2011 年成为全国科技和金融结合首批试点地区以来，中关村不断深化科技服务创新，探索形成了"一个基础、六项机制、十条渠

道"。截至 2017 年 10 月底，中关村上市公司总数达 314 家。其中，境内上市公司 218 家，境外上市公司 96 家。2013 年以来，中关村上市公司总市值以超过 50% 的年均增长率持续增长，总市值近 5 万亿，接近整个北京市地区生产总值（GDP）的两倍。

五、北京是中国互联网及金融行业的最大聚集地

中关村、上地、望京、亦庄聚集了大量互联网企业。北京拥有丰富的互联网和金融行业的从业人员，从顶级专家到 IT 工程师、分析师、研究员等，各类人才、各层级人才齐聚，各类研发人员约 37 万人，其中"千人计划"人才 1 300 余人，占全国的 25%。全社会科研经费投入占地区生产总值的比重达到了 6%。中关村管理委员会王汝芳主任表示，中关村汇聚了超过 1 万名的国内知名投资人，占全国总数的 80%，全国近一半的天使投资案例发生在中关村。2016 年上半年中关村示范区实现收入近 1.9 万亿元，同比增长 15.4%。中关村的新动能还在形成，还在扩大。

不论是互联网行业还是金融领域，以创新服务手段为依托的数字技术都是未来发展的核心，金融科技在其中必将发挥重大作用。北京拥有丰富的金融科技人才、互联网创新基因、优惠创新政策，势必在金融科技的未来发展中起到引领作用。

从注册地在北京的金融科技企业数量、投资规模、业务资金量等方面来看，北京地区金融科技的发展在全国处于领先水平。由于整体经济和技术领先的环境影响，北京地区更容易孵化金融科技企业。在毕马威的《中国金融科技 50 强》报告中，公司注册所在地在北京的企业就有 21 家。北京地区拥有中关村、西二旗、望京 soho、东升科技园等众多创业公司孵化的聚集地，拥有很好的人才资源、交流环境等。

六、北京地区金融科技行业交流更频繁

2016年2月3日，在中关村管理委员会的支持下，中关村区块链产业联盟正式成立，践行了习近平主席2015年12月在世界互联网大会上提出的，要构建网络空间命运共同体，在开放的需求上，中国要建立与大国实力相匹配的网络空间和地位。中关村区块链产业联盟由世纪互联公司联合清华大学、北京邮电大学等高校，中国通信学会、中国联通研究院等运营商，以及集佳、布比网络等公司发起，集合了区块链产业相关的研究、应用、开发等各个环节的企业。

七、北京地区金融科技具有教育及区域优势

北京地区的教育及人才优势，是金融科技企业发展的重要推动力。随着互联网的发展，以及杭州、深圳等城市的科技环境与人才引进方面的不断改善，北京地区的教育及人才优势逐渐减弱，造成一些人才的流失，但也促进了全国的联动和人才流动，更有利于辐射全国科技企业的发展。技术与创新的领先人才培养依然依托于全国顶级院校的环境，北京对于留学归国人才的落户政策，加之创新创业环境良好、留学归国人才的新视野和新理念，为北京地区金融科技的发展也带来了更多生机。通过企业和学校共同发力培养熟悉金融和技术的复合型人才，才能更好地推动金融科技健康、快速发展，使得北京在金融科技的竞争浪潮中获得优势地位。

第三节 北京地区金融科技发展存在的问题

北京地区金融科技的发展也面临各方面挑战。由于处于全国领先地位，北京面临着开拓性压力。在现状分析中可以看到，虽然北京地区金融科技企

业众多,但互联网巨头 BAT 中的阿里和腾讯的注册地均不在北京,在逐渐成熟并呈现寡头垄断的领域内,北京已不具有先发优势。

一、政府的作用被强化,企业的作用被弱化

企业的作用被政府的过多参与所掩盖,金融科技发展要求发挥企业的作用,而不是让政府越俎代庖,不断用政府的资源去实现经济发展,这样只会让企业失去竞争力,在社会中无法立足,直至惨遭淘汰。政府虽然在金融科技中扮演着重要的角色,但是也不能一味靠政府,企业也要发挥自己的主体地位。

二、北京市信息共享机制还不够完善

金融科技主体和科技创新主体之间的信息应该做到适当披露,以防一些企业心存侥幸,在没有披露信息的情况下搭便车。北京市中关村先行先试的优势令北京市成为国内金融科技的佼佼者,但是也要注意加强信息的共享和联通,促进金融科技更好地融合。

三、北京地区在科研经费投入上与国际水准差距明显

作为全国金融科技发展中心,2015 年北京研究与试验发展支出虽然比上年有了一定的提高,与国内其他地区相比具有明显的优势,但与国外相比仍然有差距。除了经费总量不足外,科研经费类的投入结构也存在一定问题。2015 年北京用于基础研究的经费为 191 亿元,用于应用研究的经费为 159.5 亿元,用于试验发展的经费为 874.8 亿元。应用研究实际投入与应该投入的差距较大,实验发展投入也同样太少。北京市应该加大科技研发投入,促进我国金融科技的发展。

北京地区金融科技快速发展的同时,也给行业监管的创新带来了更多的

挑战。对于监管来说，如何打造、孵化出金融科技行业巨头、如何在行业领先的同时开拓新领域和市场，都是重要的问题。金融科技领域的监管面临从模式到技术的创新性压力，更在时间窗口上充满挑战。对于互联网借贷的监管和整治已充分体现了监管的重要性。北京地区金融科技的发展，不仅仅是全国金融科技发展的标杆，甚至对全世界金融科技的发展都将产生深刻影响。对金融科技监管必须具有国际视野、全国格局，以及不断迭代更新的技术理解，同时监管机构自身的人才储备及合作专家资源，也将成为间接的影响因素。

第六章
金融科技发展政策建议

数字技术是时代变革的核心因素，虽然"颠覆"不容易被人接受，但已无法阻挡。基于数字技术的叠加，互联网电商已经改变了零售行业，第三方支付的成功也正在改变传统金融机构对金融科技的认知，网上银行、手机银行、直销银行、互联网金融超市、场景金融、二维码扫码支付等也让金融消费者享受到了金融科技的"时代红利"。金融科技重塑了中国消费者的支付、借贷和理财方式。从腾讯、蚂蚁金服到传统商业银行的创新者们，让这一切通过手机唾手可得。

金融科技在展示未来广阔前景的同时，也面临着一些风险与挑战。其一，金融科技的普惠性强化了金融的外部性。其二，金融科技的创新性突出了信息科技风险。总体而言，金融科技让金融固有风险更为复杂和隐蔽，同时信息科技风险和金融的外部性更为突出，潜在的系统性和周期性风险更加复杂。金融科技的发展涉及金融科技公司、金融机构、监管当局、消费者、中介机构和自律组织等多方主体，这些主体之间的关系形成了金融科技的生态。一个良性互动的生态环境有助于金融科技在风险可控的前提下实现健康、可持续的发展。这就要求我们在面对金融科技时，既要促进其发展，保证其创新活力，又要引入合理有效的监管安排，为其健康发展保驾护航。

国际上有美国的限制型和英国的主动型两种金融科技监管模式。2017年1月，美国发布了《金融科技白皮书》，提出了深化21世纪金融监管框架、提升金融基础设施等金融行业政策和基本原则，显示美国政府认可金融科技在提高金融服务质量、提振经济方面的巨大作用。2009年，英国金融服务管理局（Financial Service Authority，FSA）颁布的《银行、支付和电子货币制度》将网络银行和第三方支付纳入了原有的监管范围。2013年4月，承担对金融科技创新进行监管的金融行为监管局（Financial Conduct Authority，FCA）成立。FCA制定了最低审慎资本标准、客户资金保护规则、信息报告制度等监管规则，用以规范P2P和众筹等互联网金融行业。2016年，FCA在保护消费者权益的前提下，提供一个缩小版的真实市场和宽松版的监管环境，鼓励金融科技机构创新金融产品。

我国蓬勃发展的金融科技在促进经济发展、拉动就业方面有着积极作用，在支付、消费金融、理财、证券等领域形成了颠覆性趋势，但金融科技在高速创新式发展的同时，也带来了诸多风险，对金融监管提出了挑战。因此，在深刻理解金融科技本质的前提下，立足金融科技发展现状，认清金融科技发展的重要性、局限性以及监管迫切性，具有十分重要的经济意义。

金融科技的核心是数字技术与金融的融合，确切地说是数字技术的科技生产力在金融领域发挥巨大价值，因此金融是行业属性，数字技术是工具属性。数字技术对金融的影响显现在整个金融生态上，政策需要从数字技术孕育、金融融合和创新、消费者保护和教育3个层面着手。金融科技生态关系见图6-1。

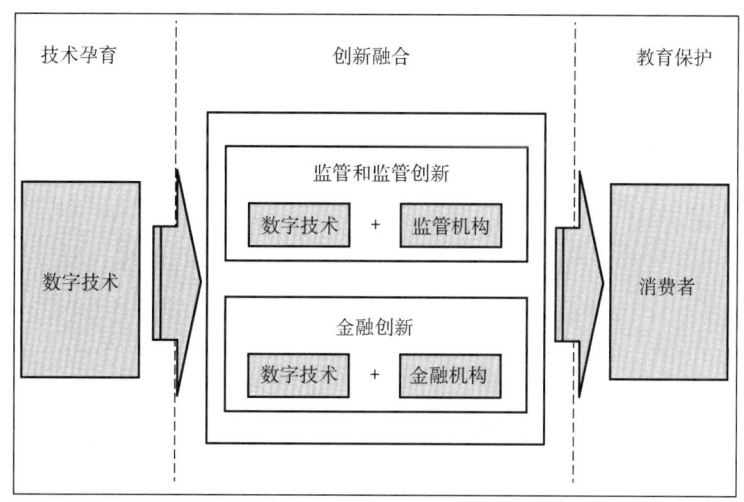

图 6-1 金融科技生态关系

第一节 打造科创环境，推动金融发展

金融科技公司按照所属地区及客户群等相应标准，可以划分成不同的金融科技集群。政府可以针对不同的金融科技集群采用不同的支持方式，对金融科技领域基础性、关键性技术研发和试验给予资金保障，提升底层技术创新，营造有利于金融科技人才集聚的外部环境，帮助金融科技企业获得消费者的信任，加强金融科技硬件和软件的基础建设。

一、发挥科技创新中心优势，促进数字技术发展

数字技术是金融科技的基础。金融监管部门要在科技发展方面积极献言献策，推动生物识别技术、人脸识别技术、大数据技术、客户画像技术、云计算技术、人工智能技术、区块链技术、互联网技术等金融科技相关技术的发展，为引领中国金融科技的快速发展奠定基础。企业应积极建立数字战略，

充分借助技术工具改进业务流程，有效利用实时化智能服务突破传统的劳动力资源，升级数据的管理和使用方式，充分整合技术优势，促进资源优化配置。

二、鼓励企业加大科研经费的投入，助力金融科技项目落地

监管部门应做好出台相关文件的指向性作用，对积极投入研发活动的金融科技企业给予一定的鼓励和支持。督促企业有效发挥其资源和规模优势，借助数字化转型推动自身重塑，进而在市场中再次确立其领先地位。同时监管部门要支持企业成为数字化时代的中坚力量，推动其积极采用数字化方式来提升内部流程效率、拓展市场营销渠道、加强合作伙伴协作、增进客户交流，并妥善管理交易细节等。

监管部门还要投入金融科技研发产品，优化企业创新环境与服务，协调整合政策、资金、项目、信息等资源，完善金融科技市场，建立起金融科技体系，吸引优质金融科技项目，做好支撑落地。

三、加强信息交流，引导金融科技企业发展方向

正如维基百科中金融科技概念体现的一样，金融科技概念提出的本身就具有颠覆性，是以互联网技术为代表的数字技术作为一种生产工具，对金融行业生产模式和生产效率的质的改变。因此，监管部门应该加强对金融科技的技术特征、发展趋势以及金融行业的变革模式的研究，保持对金融科技发展方向的敏感性和前瞻性，把握金融科技的发展方向。在此基础上，监管部门应该积极组织金融科技方面的专家学者、金融行业专家学者、金融科技企业相关人员，通过定期或不定期举办论坛、交流会、研讨会等形式进行技术交流，研究金融科技技术发展前沿、金融科技对金融活动的变革原理、金融科技技术的需求特征等，帮助服务于金融行业的生物识别技术公司、大数据

公司、征信服务公司等金融科技企业明确发展方向、交流未来趋势，引导金融科技企业进步。

四、推动多层次资本市场建设和中关村国家自主创新示范区建设，积极培育金融科技独角兽企业

金融科技的发展离不开创新，中关村国家自主创新示范区集聚了大量高端创新要素和支持科技创新的金融资源，是我国最具特色和活力的科技创新中心，是我国创业投资最活跃的区域。加快推进中关村建设国家科技金融创新中心，有利于充分发挥中关村科技与金融结合发展的丰富经验，引领和辐射带动全国科技金融创新体系的形成，为抢占全球科技创新和高技术企业发展新的战略制高点提供强有力的支撑。金融科技企业的发展壮大离不开资本市场的资金支持，多层次的资本市场建设和投融资机制的完善是金融科技企业发展的重要基础。北京应在创新和资本市场的双驱动下，积极培育金融独角兽企业，形成良好的示范效应。

五、建设金融科技人才队伍，加强培养高素质创新者

截至 2017 年年底，中国金融科技市场拥有 760 万就业人士，其中，聚集了 50 万金融专业的优秀专家和 1 万金融科技领域的人才。金融业需建立高素质的金融科技人才队伍，完善健全人才自主创新管理机制，吸引优秀科技人才跨界金融。同时金融业需改变思维迎接科技人才，协助员工适应未来发展趋势或转型，制订员工金融科技能力培养计划，开设金融科技相关课程，并协助其适应金融新环境。

在未来，需要提高技术、金融服务以及创业人才的充沛程度，发挥大众创业和万众创新对于快速培养创业人才的作用。设立高素质金融创新人才队

伍建设专项经费、引进高端人才的专项经费，为高层次的人才提供优质的创新创业、人才评估、职业规划等方面全程配套服务。加强金融科技平台内高新技术产业开发区、大学科技园、重点实验室等的规划建设，因地制宜，设置与地区人文社会环境相适应的金融科技人才服务政策，为金融科技人才队伍建设提供良好的服务环境。

第二节　推动金融创新，把控金融风险

积极推动创新和风险管理，开展满足市场需求的业务创新，开展覆盖绝大多数客户的业务创新，拥抱共享、共赢、开放、合作的互联网思维，在"互联网+"的时代背景下，发现场景、挖掘场景和拓展场景，对国内具有"系统重要性"的金融科技企业开展评估，防范"大而不能倒"的风险。

一、把握金融变革原理，推动金融创新发展

依托于互联网技术、大数据技术、人工智能技术、云计算、生物识别技术、区块链等数字技术，金融科技快速发展。金融监管部门需改变固有思维，优化知识结构，理性、客观而又积极地认识和应对监管科技变革，逐步形成适应新科技的新监管模式。简单地说，就是金融监管部门应该充分认识到数字技术对金融行业生产模式、产品创新、渠道变化的深刻影响，了解金融科技形态下的金融变革原理，了解金融运作的模式和各个环节的变化趋势，做到知己知彼，才能百战不殆。

数字技术的颠覆采用了两条路径并行：一是传统金融机构主动利用数字技术变革现有金融服务模式，一方面，利用互联网渠道实现数字技术的显性变革，通过网上银行、手机银行、直销银行实现服务范围和服务时间的拓展；

另一方面，通过大数据、数据挖掘实现金融机构内部的隐性变革，提升风险评估能力、客户画像能力，实现金融服务成本的降低。二是金融科技企业作为"野蛮人"，利用金融科技技术优势主动进入金融领域，提高金融科技对金融行业的"变革"速度。

金融监管机构需要把握传统金融机构和金融科技初创公司之间的平衡关系。传统金融机构对金融科技变革的响应速度明显落后于技术的潜力发掘速度，而金融科技企业作为"入侵者"，则存在无金融牌照经营和金融能力不足等问题，相应的问题可以通过传统金融机构和金融科技企业的融合吸收得到解决。

从监管的角度看，关键是要准确把握金融科技变革原理，明确把握金融科技发展方向，为推动金融创新的健康发展奠定基础。

二、推动数字技术与金融行业融合，加速金融效率提升

（一）密切关注金融科技企业活动，推动金融科技企业健康发展

从管理模式看，我国金融科技企业大多以互联网名义参与金融活动，具体形式包括第三方支付、网络借贷、互联网众筹、互联网保险、征信服务、区块链金融等。这些企业虽然数量众多但却良莠不齐。因此，经历了2015年以前较为宽松的互联网金融大发展后，2016年迎来了严格的互联网金融整治。当前，互联网金融企业发展虽然相对平稳，但只有第三方支付被发放牌照，个人征信公司一直处于准备状态，网贷公司和互联网众筹公司的牌照遥遥无期，ICO公司则处于禁止状态。

毋庸置疑，中国对金融科技企业给予了极大的发展空间，支付宝和微信不但创造了普惠金融的神话，且应用区域早已不限于国内。从未来发展看，也需要给予金融科技企业较为宽松的环境，以推动数字技术与金融的融合，

提高金融行业的服务能力。

从监管角度看,金融科技的本质毕竟还是金融,一旦金融科技企业开始提供金融服务,其核心属性就变成了金融企业。在为金融科技企业提供宽松的发展环境的同时,将其纳入金融监管部门的监管范畴也是发展趋势。对于金融科技企业的监管至少包含两个方面:一是必须要有足够的注册资金要求,互联网金融企业出现的大量跑路现象充分说明了准入门槛对于金融行业的重要性;二是必须要向监管部门进行业务报告,对于新兴金融科技企业业务活动合规性监测是保证金融科技健康发展的必然要求。金融科技与金融融合的最终结果是经营金融业务的企业都有金融牌照,形成金融生态系统,对不符合金融发展方向或违规经营的企业,需要金融监管部门进行监管,对相应的企业做出处罚、整改。

(二)逐步放宽传统金融创新空间,推动传统金融机构创新进程

从金融科技概念的提出及互联网金融的快速发展看,传统金融机构一直被诟病反应迟钝、创新动力不足。这其中有其对互联网电商支付反应迟钝、对长尾客户借贷需求怠慢的因素,但传统金融机构金融创新监管的过于传统,不适应数字金融时代的快速变化也是造成传统金融机构金融科技技术落后的重要因素。互联网支付、余额宝、生物识别技术、电子合同等数字技术在金融领域最先不是应用在商业银行体系中,但网上银行、手机银行等却充分展示了商业银行在金融科技方面的接入和发展速度。

从未来金融科技发展的方向看,场景金融以及基于各种场景的大数据沉淀,将成为传统金融机构与金融科技企业竞争的重要战场,从保证金融健康发展的角度看,给予传统金融机构更多的互联网场景参与机会、允许其获得更多的场景数据、给予其更灵活的金融创新空间,既有利于金融科技成果的应用,也有利于金融环境的稳定。

（三）规范行业环境，推动金融科技服务企业发展

金融科技企业主要包括两大类：一类是直接面向金融消费者提供金融服务的金融科技企业，如第三方支付、网络借贷、互联网众筹、互联网保险、股票交易、理财平台等金融科技企业；另一类是为金融服务提供科技支持的企业，如征信服务企业、扫码服务企业、大数据服务企业等。

为促进金融科技创新发展，推动金融企业的金融科技运用能力的提升，监管部门应该逐步规范行业环境，特别是面对下一个金融科技的高潮，基于大数据、场景等数字技术对于金融行业的变革，提前做好研判，并尽快制定相应的政策法规，为金融科技发展提供良好的外部行业环境。

数据是未来金融服务发展的内在原动力，大数据、人工智能带来的场景金融、客户画像、风险评估、智能投顾服务等优势都依赖于此，但数据涉及来源问题，谁能够采集数据、采集什么数据、谁能使用数据、数据能否交易及如何交易、如何保证数据的隐私，这是新的问题，也是重大问题。8家个人征信公司虽然经历长时间的审批准备，但是却没有一家获得牌照，也许原因正在此，不是征信公司不合格，而是监管机构尚未找到合适的监管思路。2018年2月22日，我国首张个人征信牌照百行征信有限公司获批，这意味着个人征信业务的发展迈出了重要一步，8家互联网平台各持股8%。

面对互联网时代数据的爆发式增长，在确保消费者隐私的基础上，金融监管部门应该会同工业和信息化部等政府部门明确数据管理规范，为未来形成一个繁荣的数据交易市场奠定基础，做到让传统金融机构获得足够的数据、让消费者的隐私得到保护、让数据加工企业获得利润。

（四）建立信息共享平台，提高信息使用价值

消费者在金融科技领域的消费和使用都会产生大量的行为数据，当前很多金融科技公司利用自身渠道建立了大数据库。通过对大数据的分析能够发

觉消费者行为习惯，促使金融科技领域的发展和创新更加符合市场需要。现在各大公司独自为战，导致了一系列问题，例如，个人产生的数据到底应该由谁控制、数据安全由谁负责、数据泄露引起的社会问题如何追责等。为此，建立一个权威、透明化管理的信息共享平台很有必要。监管部门可以作为发起者，主动承担建立公共平台的任务。各金融科技公司按照一定的规则，将产生数据的各个源头，通过这个公共平台实现互联网时代的数据共享。由政府部门牵头，有助于改善现在互联网市场上公民的身份信息被倒卖和隐私权遭到侵犯的乱象。此外，政府应尽快出台具有针对性的法律法规来规范数据的采集和管理使用。公共平台的数据由消费者本人授权发送给指定的机构或个人，由有资历的部门进行集中管理，促进金融科技真正地引领金融服务。

中国人民银行建立的征信系统是一个成功的 UGC（User Generated Content，用户产生内容）模式，已广泛应用于金融机构的信用体系。如能建立身份认证信息、个人通信信息、个人交通信息、网络购物信息等由政府主导、客户产生、客户授权使用的信息共享平台，将极大提升金融信息服务能力。

三、加强风险防范，为金融科技发展保驾护航

监管部门应增强市场发展的风险管控，完善金融监管协调机制，促进市场健康发展，关注金融监管协同的重点领域，从多维度改变传统风险控制手段，减少信息不对称情况。

（一）维护法律权威，提高违法犯罪成本

我国的违法成本相对较低，除去现有法律法规尚不健全的原因，监管机构在执行监督、管理和处罚职能时独立性不高也使得现有法律法规无法有效落实。这就要求我们需要赋予监管部门更多的自主权，创新开放与严格监管并存，在保护符合金融科技发展方向的金融创新的同时，对 e 租宝等假借金

融创新之名，实施非法集资、金融诈骗之实的行为严惩不贷，有效保护好投资者权益，促进金融科技行业的健康高速发展。

（二）注重监管的外部性，防范系统性风险

当风险事件达到一定规模时，单一金融机构的风险很容易外溢，不仅向商业银行体系蔓延，还会导致影响地方社会稳定的群体性事件出现。监管层须重视风险的监测与预警，及时有效地监督金融科技行业的运行状况，切实防范系统性风险的发生。监管机构必须对整个金融科技市场有一个清晰的、系统性的把握，了解每一个环节，才能在市场出现问题时，迅速了解问题的根源所在，并在风险发生时及时采取措施，防止风险的扩大。2017年9月5日，中国人民银行等7个部委宣布停止代币发行就是一个典型案例，说明了金融创新与金融风险的伴生性。

（三）严格管控资金沉淀，降低潜在风险

资金沉淀的本质是资金转移与风险转移之间存在着时滞性。我国单独从机构分类的角度进行监管，难免挂一漏万。其中最典型的代表为第三方支付机构中由客户备付金所形成的资金沉淀。例如，P2P网络借贷中投资者出借资金和融资方还款资金形成的资金沉淀、众筹平台中融资成功前的资金沉淀和以滴滴打车为代表的互联网企业在结算过程中产生的资金沉淀。我国对第三方支付中网络支付已经做出明文规定，客户备付金不属于支付机构自有财产，支付机构只能根据客户支付指令转移备付金，同时应当在商业银行开立专用的备付金账户，接受银行的监督；针对P2P网络借贷也出台了资金隔离的相关规定，要求网络借贷信息中介机构将出借人和借款人的资金放在银行存管系统，从一定程度上控制了金融科技公司擅自挪用客户沉淀资金甚至卷款跑路所带来的风险。但是，由于众筹领域的相关管理办法尚未出台，众筹平台的资金沉淀问题尚处于监管真空地带。同时，单用途商用预付卡（如连锁发廊会员卡等）虽属于第三方支付方式的一种，却由商务部监管，所受到的监管也明显宽松得多。商务部出台的《单用途商业预付卡管理办法（试行）》虽对沉淀资金的用途做出限定，也要求对一定规模以上的企业实行资金存管，但资金存管的比例较小，仅需托管资金沉淀总量的20%，且处罚的力度也很轻，挪用资金最高罚款仅为3万元，并不足以控制资金沉淀的潜在风险。

因此，对于资金沉淀的监管更应该从资金的来源、流向、性质等更本质的角度出发，进行实质监管。具体来说，一方面，应实行全面的资金隔离与存管制度；另一方面，应该严格执法，依照现有的平台资金管理办法密切监控沉淀资金的流向；此外，要加强对于违规行为的惩治力度，加大挪用客户资金行为的违法成本。

（四）完善风险防控，平衡创新与监管矛盾

金融科技的发展并没有超脱金融的本质，传统的功能逻辑与风险特征仍然适用，只是因为信息属性、网络属性而具备了更强的外部性。从风险形成角度看，金融科技打破了传统业务风险传导的限制，加速了风险外溢。网络安全及大数据在提供业务便利的同时，也削弱了旧有风险控制措施的有效性。由于金融科技承载着新一代信息科技革命引导实体经济发展的使命，监管机构除担负防控风险的"守门人"职责，还需要主动作为，鼓励和引导行业健康发展。

整体考虑安全与效率，完善风险防控。金融科技以高效便利吸引客户，以安全可靠留住用户。安全和效率作为两个重要的因素，可以说是托举金融科技发展活力的两个翅膀。正确应用金融科技，要求我们把安全和效率作为一个有机的整体来统筹考虑。一方面，没有绝对的安全，过度地注重安全措施而忽视金融科技发展的效率，可能会限制科技创新的活力；另一方面，不

能无底线地追求效率，不顾安全，否则会导致金融科技无序发展，引发消费者人身、财产损失和个人隐私泄露等风险。因此，金融科技企业要从观念上强化安全意识，在确保金融科技安全底线的基础上，不断追求创新效率，建立健全金融科技风险防控体系。针对性地分层细化目标体系，监管机构不仅要关注金融科技所带来的风险规模的大小和增减，更要深入了解风险在不同行业以及企业与客户之间的动态分配，还需掌握风险形成、披露与识别的清晰度等，建立行业年度报告机制跟踪、观察风险变化，切实要求金融科技企业做好信息披露，实现监管透明化。

（五）关注风险演变，维护金融稳定

金融科技的负面影响亦不容忽视。暂没有确凿的证据表明金融科技创新已经影响到了金融稳定，但是监管部门仍需重点关注一些问题，如应对技术外包的操作风险，防范网络风险和宏观风险，加强监管能力建设等。例如，在货币政策方面，部分金融科技业务具有一定的货币创造功能，使得传统货币层次边界变得模糊，盯住广义货币供应量的数量级货币政策效果会降低。在货币政策传导机制方面，金融科技增加了金融市场流动性需求的不确定性，可能导致市场波动性加剧，增加央行公开市场操作的难度和成本。区块链去中心、自治的特性淡化了国家、监管的概念，给现行体制带来了深刻冲击，但区块链未来的运用和发展却又非常依赖于国际和国家层面法律的确定性。区块链相关的经济活动缺乏必要的制度规范和法律保护，无形中增大了市场主体的风险。监管机构可以制定相关的试行法律法规，将已经成熟的相关技术纳入系统的考察验证，对符合发展要求、相关安全设定的技术合理化其应用，对不符合要求的技术及时叫停并将其纳入规则之内，才能更透明、更加有效地对其实行监管。

第三节　加强监管创新，提升监管能力

加快完善监管金融科技系统的法规，提升监管创新能力。目前我国互联网金融领域企业参差不齐，信用问题时有发生，需要尽快制定、完善相关监管法律法规，与时俱进地推出监管措施，在鼓励金融科技创新、维护金融稳定、保护投资者合法权益之间找到平衡点，强化外部监管与行业自律的有机结合。各国金融科技的监管按照严厉程度可以划分为5类：自由放任型、个案分析型、试验主义型（包括监管沙盒）、量体裁衣型和削足适履型，不同的监管模式存在不同的利弊。

一、加强数字技术监管，适应金融科技发展

数字技术的飞速发展加快了金融创新的更迭速度，应重视金融科技打破现有市场格局、带来行业颠覆性变革的可能性，积极推进金融科技研究工作。如果金融监管无法从容应对金融科技带来的冲击，很容易处于被动落后甚至出现监管空白的境地。区块链技术通过共识算法完全实现了去中心化的点对点价值传递，这意味着未来金融科技企业取代传统的中心化的金融机构成为可能。因此，必须重新思考新模式下的监管模式。所以监管部门要运用大数据、云计算、人工智能等技术，监测金融风险态势，提升监管数据的收集、整合、共享的实时性，有效地觉察违规操作、高风险交易、金融诈骗等潜在问题，提升风险识别的准确性和风险防范的有效性。从合规的角度来看，金融机构采取对接和系统嵌套等方式，将规章制度、监管政策和合规要求翻译成数字协议，以自动化的方式来减少人工干预，以标准化的方式来减少理解的歧义，更加高效、便捷、准确地操作和执行，有效地降低合规成本，提升合规的效率。

二、注重动态监管，保持快速反应能力

监管金融科技行业需要动态的监管思维。快速进化是金融科技行业的重要特点，反映在微观层面，一家金融科技公司可能在几年之内迅速崛起，成为巨头公司，也可能迅速地从巅峰走向衰退，这种现象在传统行业是不存在的。这也意味着监管要紧跟市场变化。一旦市场出现了状况，要有快速反应的机制和能力。这就要求监管部门了解金融科技行业的发展模式，预知发展风险，对相应的企业有一个明确的风险评估，在风险爆发之前就主动介入，避免风险爆发对市场的伤害以及出现监管部门被动介入后一刀切式的过度监管。所以金融监管部门在监管金融科技企业时，一定要以积极的姿态、正确的方式介入，对符合未来发展规律的行为加以鼓励，对违规行为坚决打击取缔。

三、实施穿透监管，提高金融监管有效性

金融控股集团、金融服务平台的不断演变和发展，不同种类的金融业务盘根错节、相互交织，使得业务形态多样、易变，不易准确辨识业务的本质，增加了金融监管的难度。要在金融科技和互联网商业模式的重重包装下，按照业务实质重于形式的原则，识别项目是否符合监管要求，风险是否进行适当评估，相关信息是否向消费者充分披露，运用穿透式的监管方式来防范业务风险，必要的情况下甚至需要各监管部门间的协调监管。2016年中央银行等17部委开展的互联网金融风险专项整治工作就是一场典型的综合性、跨部委、穿透式监管行动。

四、应用监管沙盒技术，提高监管学习速度

英国政府引入监管沙盒的理念，建立计算机模型，对相应的风险进行模

拟运算，研究其发展可能带来的影响。按照英国金融行为监管局的定义，监管沙盒是一个"安全空间"，在这个安全空间内，金融科技企业可以测试其创新的金融产品、服务、商业模式和营销方式，而不用在相关活动碰到问题时立即受到监管规则的约束。监管沙盒通过提供一个缩小版的真实市场，允许企业对创新的产品、服务模式进行大胆的尝试，及时地发现并且规避产品的缺陷和风险隐患，监管者也可以通过这些测试来了解创新的本质，有效地评估风险，决定开放的范围，并判断对现有监管规则的影响，从而可以在风险可控的前提下促进金融科技创新，引导金融科技向有利于保护消费者权益的方向发展。金融科技的监管既要体现传统金融监管的继承性和延续性，又要体现互联网时代的适应性和包容性。学习监管沙盒技术，有助于避免过严的监管把创新扼杀在摇篮之中。

五、适应金融科技变化，提出场景金融监管政策

中国金融科技创新正呈现出主体多元化、业态多样化、场景丰富化、服务精准化等特征。大量互联网企业依托网络和场景优势，逐步渗透到金融领域，为客户提供便捷的金融服务，例如，阿里的支付宝、余额宝、阿里借条、蚂蚁花呗、芝麻信用等就是典型代表。2016 年，非银行支付机构网络支付累计发生 1 639.02 亿笔，而同期银行业金融机构通过网上银行、手机银行、ATM 等电子渠道进行的电子支付交易总笔数为 1 395.61 亿笔。在互联网企业尝试进入金融领域的同时，传统金融机构也加快了金融科技创新的步伐，纷纷探索大数据、云计算、人工智能、移动互联网等技术，尝试将这些技术应用于支付清算、投融资、财富管理、零售金融等领域，注重为客户提供一站式、精准化的综合金融服务。此外，传统金融机构和互联网企业之间在精准营销、客户导流、产品代销等方面的合作也越来越多，这些机构试图通过优势互补

和协同效应实现"1+1＞2"的效果。

利用互联网渠道的场景，可以直接收集大量的客户信息、社交活动信息、电商交易信息、金融交易信息，在计算机算力、数据存储能力、大数据技术、数据挖掘、人工智能显著发展的情况下，企业对客户的分析方式、分析维度、分析结果、分析模式都出现了巨大的变化。基于场景数据的金融活动将极大地降低金融成本和风险识别成本，实现客户服务、贷后管理和客户维护的及时性，提升对"长尾客户"的服务水平。传统金融机构在数据收集方面具有明显的劣势。监管机构保持密切关注未来"长尾客户"的服务模式是以传统金融机构模式为主、还是以金融科技企业的模式为主，需在必要时及时做出政策调整。

六、明晰金融科技混业趋势，制定应对性的监管体系机制

从研究的情况看，金融科技企业都是采用混业经营的逻辑，构建包含互联网渠道、电商场景和社交场景、支付、理财、融资、大数据、征信、人工智能、保险、证券等跨行业、跨金融业务的金融服务平台模式，大型企业成为现阶段金融科技的主要形态。这对监管提出了新的要求，监管对象巨型化、复杂化以及金融科技依托于互联网发展的快速化，都要求监管机构在业务创新形式复杂的情况下，具备对未来金融发展模式的研判能力，监管的思路要走在市场的前面，对各种可能的情况都有一个预案，及时制定金融科技企业监管策略，保证金融行业的健康发展。

提高金融科技企业自律水平，建立自愿披露的自律机制。构建金融科技行业的数据统计分析系统，便于监管当局对行业的发展状况做出准确判断，也可以及时地对行业规模、潜在威胁、风险案例进行客观分析，从而建立起有效的监管体系和风险预防机制。目前大部分尚未达到牌照发放条件的金融

科技平台并没有进行定期、强制性的信息披露，其体量小、地域分布零散的特性，也给监管当局的数据采集工作增加了难度。要解决这一问题，需要建立起一套有助于金融机构自愿披露的机制，对主动配合监管并上报相关信息的创新平台给予牌照发放、跨区域展业等方面的便利。

第四节　加强消费者教育，增强消费者保护

金融科技的迅猛发展带来了层出不穷的金融服务模式、金融创新产品、金融服务渠道，即使是金融从业人员也经常会见到不熟悉的金融服务，更不用说普通的金融消费者。在对金融科技服务不熟悉的情况下，发生消费者受骗或者超出自己金融风险承受能力的情况在所难免，甚至会出现像 e 租宝那样大量消费者受骗的情况。因此，加强消费者教育、增强消费者保护成为监管部门的重要责任。出生在 1980—2000 年的"千禧一代"是中国新生代消费的主力军。未来，中国金融科技企业和金融机构要关注"千禧一代"消费者金融需求的特点。

一、广泛开展消费者教育

长尾客户在金融消费方面将面临三大风险：一是互联网技术风险。消费者可能面临不了解互联网技术，对于上网操作、网上银行软件下载和安装、APP 下载和安装、网上银行操作、手机银行操作等方面不熟悉，从而导致不能正常使用、遭遇病毒等问题，甚至可能因为操作失误、保密意识不强导致密码泄露产生损失等情况发生。二是金融知识不足风险。消费者在互联网上面对众多金融产品时，因金融知识不足、风险意识不足、风险防范能力不强等因素导致资金损失。三是金融诈骗风险。互联网在提供便捷的同时，也发

生了很多金融诈骗事件，金融产品陷阱、木马病毒、密码被盗、虚假网站等都是普通金融消费者线上化面临的风险。

因此，随着数字金融蓬勃发展，针对消费者的教育和保护就显得极为重要。监管机构必须将保护消费者权益放在新的高度，从制度上加以保障消费者的权利。一方面加强监管主体的风险识别和把控能力；另一方面把握好投资者适当性原则，匹配金融科技产品的复杂程度与投资者的专业程度。监管机构应出台专门法律来完善金融消费者权益保护法律体系；单设专门的金融消费者保护部门；针对不同业务类型和监管对象及其产品的复杂程度划定不同层次的信息披露标准；同时对金融风险较大的业务类型划定合格投资者门槛，或限制最高的风险敞口，使风险可控。

二、完善消费者投诉处理机制

美国P2P平台受到多部门的联合监管，美国证券交易委员会（SEC）、消费者金融保护局负责收集P2P借贷金融消费者投诉的数据信息，联邦贸易委员会（FTC）负责监督并制止P2P平台的不公平、欺诈性行为。这种方式值得我国借鉴，我国也应该建立相应的处理平台专门应对消费者投诉，让消费者在遇到问题时能够找到相应部门，积极有效地解决问题。监管部门通过对投诉数据的采集和分析，也能有效发现金融科技企业的问题和不足之处，为监管规则的制定、修改提供参考，同时便于监管机构对行业发展存在的问题系统性把握。

三、加强消费者信息保护，制定相应的惩罚措施

英国、美国等监管当局都要求金融科技企业公布消费者隐私保护制度，且对违规行为制定了相应的惩罚措施。哪里有需求，哪里才有市场，加强消

费者信息隐私保护，保护好消费者权益，建立企业和消费者的互信，才能有效地扩大市场规模，促进行业发展。互联网技术的创新也给隐私保护带来了新的挑战，金融监管部门需要对此有一个明确的认识并采取相应的措施，可从限制融资方资格和额度、控制投资者年投资额度等方面做出规定，必要时可对相关违规操作的企业进行惩罚性处理，提高违法成本，从根本上规范企业行为。

参考文献

[1] Alliance for Financial Inclusion. SME Financial Inclusion Indicators Base Set [R]. Kuala Lumpur: AFI, 2015.

[2] Alliance for Financial Inclusion. Rwanda's Financial Inclusion Success Story [R]. Kuala Lumpur: AFI, 2014.

[3] Sahay R, Cihakm, N'Diaye P, et al. Financial Inclusion: Can It Meet Multiple Macroeconomic Goals? [J]. Imf Staff Discussion Notes, 2015, 15 (17).

[4] Global Partnership for Finanical Inclusion. Financial Citizenship Report Central Bank Brazil [R]. Washington: GPFI, 2015.

[5] Global Partnership for Finanical Inclusion. SME Finance Subgroup 2016 Work Plan [R]. Washington: GPFI, 2016.

[6] Global Partnership for Finanical Inclusion. Regulation and Standard-Setting Bodies Subgroup 2016 Work Plan [R]. Washington: GPFI, 2016.

[7] Global Partnership for Finanical Inclusion. Market and Payment Systems Subgroup 2016 Work Plan [R]. Washington: GPFI, 2016.

[8] Global Partnership for Finanical Inclusion. Financial Consumer Protection and Financial Literacy Subgroup 2016 Work Plan [R]. Washington: GPFI, 2016.

[9] Global Partnership for Finanical Inclusion. Global Standard-Setting Bodies and Financial Inclusion: The Evolving Landscape [R]. Washington: GPFI, 2016.

[10] Global Partnership for Finanical Inclusion. China 2016 Priorities Paper [R]. Washington: GPFI, 2016.

[11] Global Partnership for Finanical Inclusion. Inclusive Growth and Development: 2015 Antalya Development Roadmap [R]. Washington: GPFI, 2015.

[12] World Bank Group, Understanding Gender in Maldives. Washington: World

Bank Group, 2014.

［13］Ehrbeck T, Pickens M, Tarazi M. Financially Inclusive Ecosystems: The Roles of Government Today［J］. Focus Note, 2012.

［14］Grossman, Tarazi M. Serving Smallholder Farmers: Recent Developments in Digital Finance［J］. Focus Note, 2014.

［15］Winiecki J, Kumar K. Access to Energy via Digital Finance: Overview of Models and Prospects for Innovation［R］. Washington: Consultative Group to Assist the Poor（CGAP）, 2014.

［16］Campbell J Y, Jackson H E, Madrian B C, et al. Consumer Financial Protection［J］. The Journal of Economic Perspectives, 2011,25（1）:91–113.

［17］Rooij V M, Lusardi A, Alessie R. Financial Literacy and Stock Market Participation［J］. Journal of Financial Economics, 2007,101（2）:449–472.

［18］Lusardi A, Mitchell O S, Curto V. Financial Literacy among the Young［J］. Journal of Consumer Affairs, 2010,44（2）:358–380.

［19］Nicoletti B. Digital Insurance Throughout the World［M］. Palgrave Macmillan: Digital Insurance, 2016.

［20］Arena M. Does Insurance Market Activity Promote Economic Growth? A Cross-Country Study for Industrialized and Developing Countries［J］. Journal of Risk and Insurance, 2016, 75（4）: 921–946.

［21］Steelman Z R, Hammer B I, Limayem M. Data Collection in the Digital Age: Innovative Alternatives to Student Samples［J］. Mis Quarterly, 2014, 38（2）:355–378.

［22］李伟. 金融科技发展与监管［J］. 中国金融, 2017（4）: 43–45.

［23］严圣阳. 我国金融科技发展状况浅析. 金融经济［J］, 2016（22）: 156–158.

［24］中国人民银行广州分行课题组, 李思敏. 中美金融科技发展的比较与启示［J］. 南方金融, 2017（5）: 3–9.

［25］王丽辉. 金融科技与中小企业融资的实证分析：基于博弈论的视角［J］. 技术经济与管理研究, 2017（2）: 43–45.

［26］焦瑾璞, 孙天琦, 黄亭亭, 等. 数字货币与普惠金融发展：理论框架、

国际实践与监管体系［J］．金融监管研究，2015（7）：19-35．

［27］蔡元庆，黄海燕．监管沙盒：兼容金融科技与金融监管的长效机制［J］．科技与法律，2017（2）：60-61．

［28］巴曙松,白海峰．金融科技的发展历程与核心技术应用场景探索［J］．清华金融评论，2016（5）：34-43．

［29］宋首文，代芊，柴若琪．互联网＋银行：我国传统商业银行风险管理新变革［J］．财经科学，2015（7）：10-18．

［30］沈悦，郭品．互联网金融、技术溢出与商业银行全要素生产率［J］．金融研究，2015（3）：160-175．

［31］张常胜．打造互联网银行创造新商业模式［J］．新金融，2013（7）：40-46．

［32］刘英,罗明雄．大数据金融促进跨界融合［J］．北大商业评论,2013（4）：80-97．

［33］李琼，刘庆，吴兴刚．互联网对我国保险营销渠道影响分析［J］．保险研究，2015（3）：24-35．

［34］何德旭，董捷．中国的互联网保险：模式、影响、风险与监管［J］．上海金融，2015（11）：64-67．

［35］陈秀芬，唐宇石．大数据时代我国互联网保险的现状与发展研究［J］．改革与战略，2016（6）：33-37．

［36］王静．我国互联网保险发展现状及存在问题［J］．中国流通经济，2017（2）：86-92．

［37］黄英君．中国互联网保险发展变迁与路径选择研究［J］．西南金融，2017（3）：30-37．

［38］汪渝．互联网金融对小微企业金融服务的影响研究［J］．企业研究，2013（22）：147-148．

［39］徐超．第三方支付体系：兴起、宏观效应及国际监管［J］．经济问题，2013（12）：11-16．

［40］付俊平．第三方支付对网上银行业务发展的影响探析［J］．金融理论与实践，2012（10）：116-118．

［41］郭田勇，丁潇．普惠金融的国际比较研究：基于银行服务的视角［J］．

国际金融研究，2015（2）55-64.

[42] 廖愉平. 我国互联网金融发展及其风险监管研究：以P2P平台、余额宝、第三方支付为例[J]. 经济与管理，2015（2）：51-57.

[43] 张常胜. 打造互联网银行创造新商业模式[J]. 新金融，2013（7）：40-46.

[44] 周宇. 互联网金融：一场划时代的金融变革[J]. 探索与争鸣，2013（9）：67-71.

[45] 王馨，王世贵. 对小微企业金融服务效率的评价[J]. 财经科学，2016（2）：24-33.

[46] 任静，朱方明. 互联网银行的破坏性创新及其对传统银行的挑战[J]. 现代经济探讨，2016（3）：10-14.

[47] 束军意. 众筹模式下科技金融服务平台功能架构研究[J]. 科技进步与对策，2016（10）：18-22.

[48] 胡吉祥. 众筹的本土化发展探索[J]. 证券市场导报，2014（9）：4-10.

[49] 王会娟，廖理. 中国P2P网络借贷平台信用认证机制研究：来自"人人贷"的经验证据[J]. 中国工业经济，2014（4）：136-147.

[50] 徐卫东，郭千钰. 互联网金融监管困境及其破解：基于众筹金融视阈的分析[J]. 当代经济研究，2017（1）：89-96.

[51] 葛兆强，王晓天. 中小企业的金融需求与商业银行的金融服务支持[J]. 海南金融，2007（6）：13-21.

[52] 胡滨，郑联盛. 互联网金融：模式、风险与监管[M]. 北京：社会科学文献出版社，2015.

[53] 陈仲毅. 互联网金融风险监管研究[D]. 昆明：云南财经大学，2015.

[54] 李伟. 金融科技发展与监管[J]. 中国金融，2017（4）：14-16.

[55] 周永林. 金融科技：新金融生态下的机遇与挑战[J]. 金融电子化，2017（2）：52-55.

[56] 关浣非. 中国金融科技发展之辨[J]. 中国经济周刊，2017（50）：84-87.

[57] 钟鸣长. 新加坡FinTech生态系统建设及其启示[J]. 电子科技大学学报，2016（18）：30-38.

［58］甘星，甘伟.环渤海、长三角、珠三角三大经济圈科技金融效率差异实证研究［J］.宏观经济研究，2017（11）：103-104.

［59］李敏.金融科技的监管模式选择与优化路径研究兼对监管沙箱模式的反思［J］.金融监管研究，2017（11）：21-37.

［60］邵伟.金融科技发展逻辑和实践刍议［N］.上海金融报，2016-12-16.

［61］伍旭川.迎接金融科技的新风口智能投顾［J］.清华金融评论，2017（10）：85-87.

［62］杨志宏.Fintech在全球金融领域应用的最新进展综述［J］.理论探研，2017（2）：21-23.

［63］赵占波，张新福.互联网＋新经济［M］.北京：首都经贸大学出版社，2016.

［64］郝硕博，杨永胜，张新福，等.北京地区普惠金融现状及发展研究［M］.北京：首都经贸大学出版社，2017.